# palavra e imagem:

leituras cruzadas

CB061953

Ivete Lara Camargos Walty
Maria Nazareth Soares Fonseca
Maria Zilda Ferreira Cury

leituras cruzadas

3. edição
1ª reimpressão

**autêntica**

Copyright © 2000 Ivete Lara Camargos Walty, Maria Nazareth Soares Fonseca,
Maria Zilda Ferreira Cury
Copyright © 2000 Autêntica Editora

Todos os direitos reservados pela Autêntica Editora. Nenhuma parte desta publicação poderá ser reproduzida, seja por meios mecânicos, eletrônicos, seja via cópia xerográfica, sem a autorização prévia da Editora.

CAPA E PROJETO GRÁFICO
*Cristiane Linhares*

EDITORAÇÃO ELETRÔNICA
*Waldênia Alvarenga Santos Ataíde*

REVISÃO
*Maria Lina Soares Souza*

EDITORA RESPONSÁVEL
*Rejane Dias*

**Dados Internacionais de Catalogação na Publicação (CIP)**
**(Câmara Brasileira do Livro, SP, Brasil)**

Walty, Ivete Lara Camargos
W231p     Palavra e imagem : leituras cruzadas / Ivete Lara Camargos Walty, Maria Nazareth Soares Fonseca, Maria Zilda Ferreira Cury. — 3. ed.; 1. reimp. — Belo Horizonte: Autêntica Editora, 2013.

128p.
ISBN 978-85-86583-62-9

1. Leitura. 2. Fonseca, Maria Nazareth Soares. 3. Cury, Maria Zilda Ferreira. I. Título

CDU-028.1

Catalogação da Fonte: Biblioteca da FaE/UFMG

**AUTÊNTICA EDITORA LTDA.**

**Belo Horizonte**
Rua Aimorés, 981, 8° andar . Funcionários
30140-071 . Belo Horizonte . MG
Tel.: (55 31) 3214 5700

Televendas: 0800 283 13 22
www.autenticaeditora.com.br

**São Paulo**
Av. Paulista, 2.073, Conjunto Nacional, Horsa I,
23° andar, Conj. 2301
Cerqueira César . São Paulo . SP . 01311-940
Tel.: (55 11) 3034 4468

## Sumário

| | |
|---|---|
| Introdução | 7 |
| **Livro: palavra e imagem** | 11 |
| O livro em sua história | 13 |
| O livro na rede | 23 |
| De bibliotecas e leitores | 31 |
| **Imagens da leitura** | 37 |
| Retratos do leitor | 39 |
| **Imagens na leitura** | 49 |
| De metáforas e metonímias | 51 |
| Literatura e pintura | 58 |
| Ilustração e leitura | 63 |
| **Uma rede de leituras** | 71 |
| Tradição e ruptura | 73 |
| Pinturas em diálogo | 80 |
| **Lendo imagens** | 87 |
| De terra | 90 |
| De casa | 100 |
| **Conclusão inconclusa** | 115 |
| **Referências** | 119 |
| **Créditos das imagens** | 125 |

– Introdução –

A figura do livro, hoje ameaçado frente aos recursos da tecnologia informacional, com fortes consequências no mercado editorial e no reduto das escolas, serve de fio condutor para nossas reflexões sobre a relação escrita/imagem e o ato de leitura. A leitura é um processo associativo que promove a interação "escrita e imagem" em diversos sentidos: a imagem propriamente dita; a que ilustra textos verbais; aquela construída pelo leitor quando lê, que tanto pode restringir-se ao momento real de produção de sentido, como pode ser base de outras criações. Dessa forma, o pintor que cria a partir de um texto, ou um escritor que escreve sobre um quadro visto participam do processo de interação promovido por leituras. Além disso, textos verbais ou pictóricos exibem imagens do ato de ler, apreendendo o leitor nas malhas discursivas. Representações do livro e da atividade de leitura em diversas produções culturais possibilitam-nos também refletir sobre seu lugar social, tanto numa dimensão espacial quanto temporal, delineando o perfil do leitor no imaginário da sociedade.

Com o advento da informática, a proliferação da comunicação via Internet e uma possível ameaça de desaparecimento do livro, multiplicam-se as publicações sobre o objeto livro em sua dimensão tradicional, discutindo seu lugar no mundo.

Soma-se a isso uma resistência dos leitores que insistem em exibir seu amor pelo livro e pelas possibilidades de leitura que ele oferece. Ensaios teóricos discutem a história do livro, depoimentos pessoais contam a história de formação do leitor e sua fascinação por esse objeto de papel, retangular, que promove prazer físico, emocional e intelectual. Textos ficcionais ou poemas representam o leitor e sua *performance* em diferentes épocas, o que fazem também muitos filmes.

Este é igualmente o caminho que propomos, tomando como figura central o processo de leitura, nele considerado especialmente o leitor, tanto aquele previsto ou representado pelo texto, como o leitor empírico, de carne e osso. Esse leitor decifra palavras e outros códigos: pintura, filme, cartazes de rua ou imagens virtuais construídas pelos computadores. Considere-se ainda o autor, ele mesmo, antes de tudo, um leitor. Autor ou leitor, ou melhor, autor e leitor. Esse leitor que pode subverter textos codificados ou "textos" político-sociais, seria o leitor crítico, que "lê levantando a cabeça". Aquele que não abre mão de refletir e de estabelecer relações, mesmo as que não são propostas pelos textos lidos, relaciona o que lê agora com o que já leu antes, viveu ou está vivendo, fazendo dialogar os textos que o cercam.

Vale discutir ainda o lugar da escola e o papel do professor nesse processo, como mediadores da recepção crítica. Dependerá de sua atuação a formação de um leitor, capaz não apenas de desvelar mecanismos de controle da leitura, mas também de tornar-se receptivo e sensível às formas estéticas e lúdicas.

Muitas vezes, a escola é o único lugar em que a criança tem acesso ao livro e a outros textos. Numa sociedade empobrecida, a escola não pode prescindir de seu papel de divulgação dos bens simbólicos que circulam fora dela, mas para poucos. Assim sendo, a despeito da válida discussão sobre a diluição de fronteiras entre arte popular, cultura de massa e a arte canonizada, vale atentar para o risco de simplificação da diversidade cultural, na ilusão de que desmanchar fronteiras textuais significa desmanchar fronteiras socioeconômicas. Por que impedir um cidadão de baixo poder aquisitivo de assistir a um concerto ou visitar uma exposição de arte como as de Camile Claudel, Monet ou Salvador Dali? Submetê-lo apenas ao jugo da TV não é impedir seu acesso à pluralidade de bens culturais?

Como pode a escola interferir nesse processo? Tornando-se um espaço democrático, que possibilite ao aluno interagir com esses bens, tanto através de uma amostragem dentro de seus muros, como através de visitas a espaços públicos, num alargamento dos limites escolares.

Pensando nessas questões, conduzimos nossa reflexão a partir de um estudo do lugar do livro na sociedade, desde os seus primórdios até a época atual, quando parece estar ocorrendo uma mutação tão significativa quanto a que se deu com o aparecimento da escrita. Nessa trajetória, rastreamos imagens do processo de leitura em produções culturais diversas, delineando perfis de leitores dos livros e nos livros.

A construção textual nos permite trabalhar ainda a formação de imagens na leitura, desvendando a capacidade dos recursos linguísticos de concretizar significados ao mesmo tempo em que os disseminam. Ou seja, numa simples descrição ou no uso de complexas metáforas e metonímias, o texto verbal pode conter a força de uma imagem propriamente dita.

De imagens propriamente ditas é que tratamos quando propomos uma outra rede de leituras por meio da análise de pinturas que se retomam intertextualmente, num jogo entre tradição e ruptura. Procuramos mostrar esse jogo também na releitura que um texto verbal faz de outro, seja também ele verbal, seja de outra natureza.

Além disso, com um objetivo mais explicitamente didático, relatamos duas propostas de leitura de textos diversos, nas quais, além de trabalhar estratégias textuais sob a referência da relação palavra/imagem, refletimos também sobre fronteiras textuais e territoriais.

Na primeira proposta, evidenciam-se diferenças e semelhanças dos diversos textos no tratamento de uma mesma temática, ao mesmo tempo em que se ressaltam as fronteiras sociais que insistem em existir, relegando o homem a lugares inferiores aos do animal.

A segunda fixa-se na imagem da casa e seus significados em diferentes campos, desde o psíquico, mais ligado ao indivíduo, até o político, ligado ao coletivo. Nem por isso, deixa-se de lado o lúdico e prazeroso, nem a construção textual, o que, aliás, é o principal aspecto do trabalho do professor de língua e literatura.

Os textos trabalhados, nos dois casos, são apenas uma amostragem da infinita cadeia de abordagens nesse processo associativo de leituras. De terra e de casa, de política e de prazer, de trabalho e de brincadeira, de palavra e de imagem faz-se este livro, ele mesmo uma leitura.

Livro: palavra e imagem

— O livro em sua história —

As grandes exposições universais da segunda metade do século XIX marcaram seu tempo como o espetáculo da máquina, das mercadorias. Expostos em vitrines — nas quais se utilizaram pela primeira vez o vidro e o ferro —, os produtos do mundo burguês se davam a ver sob o brilho feérico da iluminação artificial. Emblemáticas na sua obsessão por exibir a última palavra em artefatos bélicos, as exposições apontavam para um futuro em que se acirrariam o consumo e a tecnologia.

Finais de século são comumente caracterizados por um desejo de prestação de contas, de avaliação do que foi conquistado. Seria interessante imaginar, entre tantas possíveis, uma exposição do fim do nosso milênio que tivesse o livro por objeto, relatando sua origem, sua evolução, seu futuro. Paredes cobertas de estantes com livros de formas e cores diversas. Mostruários de vidros brilhantes exibindo papiros e pergaminhos. Rolos como um convite à curiosidade tátil do visitante. Cartazes e fotografias. Telas de vídeo preenchidas rapidamente com multiplicidade de caracteres. Microcomputadores convidando ao toque ágil dos dedos sobre o teclado.

Essa exposição, imaginada por nós, já se concretizou, por exemplo, na Biblioteca Nacional de Madrid, em junho de 98. Escrita e imagem se associaram numa mostra em que a história do livro era contada por computadores. Entrando em cabines espalhadas pelos salões, as pessoas podiam selecionar na tela dos computadores o assunto que quisessem. Cada janela se abria em muitas outras, configurando um hipertexto. Além disso, podiam-se examinar pergaminhos, ler *Livros de Horas*, ouvir o *D. Quixote*, de Cervantes, entre dezenas de outras opções. Curiosamente, livros raros, encerrados em vitrines protetoras, não podiam ser folheados, a não ser virtualmente nos computadores.

As imagens da exposição apresentavam alguns momentos da história do livro: a passagem do *volumen* — o pergaminho em rolo — ao *códice* — o pergaminho dobrado já na forma atual do livro — e deste para o monitor de vídeo. Resumida numa frase, tal passagem pode parecer rápida ou inocente. No entanto, como tentaremos mostrar, o processo é lento e complexo. Em primeiro lugar, é bom se perguntar se, nas diversas etapas de sua história, o livro seria um único e mesmo objeto.

É fundamental voltarmos no tempo investigando as pinturas rupestres que, grosso modo, podem ser consideradas ancestrais do livro. Desenhando nas paredes das cavernas, o homem não só se comunicava como queria assumir alguma forma de controle sobre o mundo. Para ele a imagem era a própria coisa, tanto que, antes de sair para a caçada, atingia o animal desenhado, sujeitando-o. Por esse gesto, pensava garantir também a abundância de animais a serem caçados. A imagem era, pois, elemento fundamental de um ritual mágico. Por outro lado, ao fixar o animal nas pedras, o homem da época construía uma narrativa, já que, muitas vezes, os desenhos seriados criavam histórias. Além disso, mesmo que não contem uma história, por não apresentarem um necessário encadeamento, esses desenhos podem ser vistos como narrativas na medida em que chegam até nós com a força de um texto histórico. Veja-se, por exemplo, "A cena do poço", pintada na gruta de Lascaux, na França, em que figura o homem em sua relação com animais.

Uma história contada nas paredes das cavernas.

Nessa forma de escrita, a imagem colava-se à coisa representada, como costuma acontecer ainda hoje em rituais de magia negra em que o boneco que representa a pessoa é confundido com ela. Ao se perfurar o corpo do boneco, o que se quer é atingir o corpo físico da pessoa. No nosso meio, o mesmo acontece ainda quando alguém agride um retrato na esperança de vingar-se da pessoa retratada, ou cultua objetos de um morto tentando mantê-lo presente.

Estudiosos discutem se, na época das pinturas rupestres, a imagem teria, além da função mágica, algum fim comunicativo. Discutem ainda se ela teria evoluído, dando origem a outras formas de escrita. Maria Augusta Babo, discutindo a relação entre o traço, a letra e o desenho, salienta o caráter figural da escrita, afirmando: "(...) quanto mais afastado da representação está o traço, mais perto se encontra de sua materialidade." (BABO, 1973, p. 94)

O traço, vestígio do corpo, do gesto, seria o elemento comum entre o desenho e a palavra. A letra, na palavra, perde sua opacidade de traço porque se faz transparente, portadora de um significado; o que caracteriza a legibilidade. Ao ler, não se presta atenção à letra em si, porque nela o traço perde a visibilidade que tem no desenho. Mas, muitas vezes, pode-se explorar justamente a visibilidade da letra, como faz, por exemplo, Arnaldo Antunes, em seu livro/vídeo chamado *Nome*, em que toma a palavra enquanto imagem, colando-a na coisa, ou brinca com as letras em seu aspecto figurativo. É também o que faz toda a poesia concreta em sua exploração do significante como se verá mais tarde.

Independentemente dessa discussão, pode-se afirmar que escrita e imagem estão indissociavelmente ligadas, seja porque têm sua origem no traço, seja porque há escritas pictográficas, seja porque se complementam ou se justapõem em livros, revistas, cartazes etc.

Por sua vez, a escrita aparece indissociada das formas de controle administrativo, político e religioso dos habitantes da cidade. Cidade e escrita aparecem juntas em seu aspecto de organização, permitindo ao homem armazenar informações, superando as limitações da memória, facultando a reflexão *a posteriori*. Na visão de alguns estudiosos, a teoria e a história, por exemplo, seriam consequência do aparecimento da escrita, que surgiu da necessidade de registrar as experiências do homem, seu conhecimento adquirido, bem como seus sentimentos.

Dessa necessidade, nasce o livro. Sua primeira forma é a manuscrita. Utilizando-se de tábuas de argila, papiros e pergaminhos, o homem traça sinais os mais variados: pictográficos, mnemônicos, ideográficos, cuneiformes, hieroglíficos e fonéticos.

O papiro — feito da haste do vegetal de mesmo nome e primeira forma de registro maleável da escrita — e o pergaminho — feito da pele de carneiro — dão origem aos rolos também chamados *volumen*. Esse mesmo material foi utilizado,

Desenho ou escrita? Expressões do homem.

posteriormente, no que seria o precursor do livro na sua forma contemporânea. A escrita em linha reta e a utilização do verso da folha possibilitaram a criação da primeira forma do *códex:* "nome dado aos manuscritos cujas folhas eram reunidas entre si pelo dorso e recobertas de uma capa semelhante à das encadernações modernas. É, em suma, o livro quadrado e chato, tal como ainda hoje o possuímos" (ROUVEYRE, *apud* MARTINS, 1996, p. 68). Martins continua explicando que o livro moderno tem tamanhos reduzidos se comparado ao pergaminho cujas folhas não eram dobradas, o que significa que os códices são livros grandes, no tamanho da folha.

Observe-se que cada forma de apresentação do livro vai criando, desde a postura física, modos diferentes de leitura. Demandando o uso das duas mãos, os rolos impediam que o leitor fizesse anotações enquanto lia. Por sua vez, os livros *in-fólio*, por serem muito grandes, exigiam mesas ou púlpitos para suporte no momento da leitura, proporcionando ao leitor maior liberdade de passar as páginas, lendo e escrevendo simultaneamente. Registre-se ainda que, nos primeiros tempos, a leitura era feita sempre em voz alta, mesmo quando o leitor se encontrava fechado numa biblioteca. Ler em voz alta ou silenciosamente, sentado em carteiras rígidas ou deitado em uma rede, são posturas determinadas, não só pelo objetivo da leitura como pela forma do livro escolhido. Diz Manguel, em *Uma história de leitura*:

> Minhas mãos, escolhendo um livro que quero levar para a cama ou para a mesa de leitura, para o trem ou para dar de presente, examina a forma tanto quanto o conteúdo. Dependendo da ocasião e do lugar que escolhi para ler, prefiro algo pequeno e cômodo, ou amplo e substancial. Os livros declaram-se por meio de seus títulos, seus autores, seus lugares num catálogo ou numa estante, pelas ilustrações em suas capas; declaram-se também pelo tamanho. Em diferentes momentos e em diferentes lugares, acontece de eu esperar que certos livros tenham determinada aparência, e, como ocorre com todas as formas, esses traços cambiantes fixam uma qualidade precisa para a definição do livro. Julgo um livro por sua capa; julgo um livro por sua forma. (MANGUEL, 1997, p. 149)

A associação entre a forma do livro e leitura, evidente na declaração do autor, vem dos primórdios de sua história. Também a escrita como postura física vem sendo considerada diferentemente através dos tempos, o que importa, e muito, para sua significação. Chartier, um estudioso da leitura e da sua história, registra:

> No século XVII, o aprendizado da escrita em toda a Europa é o de um repertório completo de gestos e posturas. Escrever bem é saber manter o corpo à boa distância da folha, posicionar os braços corretamente sobre a mesa, segurar de maneira adequada a pena talhada de antemão. (CHARTIER, 1991, p. 116)

O historiador Robert Darnton (1989), ao estudar a correspondência de um leitor de Rousseau com o seu editor, registrou como eram importantes para o leitor do século XVIII a textura e a cor do papel em que a edição de uma obra se apresentava e como a leitura do escritor iluminista inaugurou uma forma específica de leitor.

O primeiro livro impresso data de 1436, fruto da invenção da tipografia por Gutemberg, na Mongúcia. Intermediário entre os livros *in-fólio* e a forma que conhecemos hoje, o *incunábulo*, palavra que originariamente significa berço, é o tipo de livro impresso até o ano de 1500. Os *incunábulos* caracterizam-se, entre outras coisas, pela letra irregular e imperfeita, pela ausência de paginação, assinatura e título. Não têm margens ou capítulos, nem sinais de pontuação. Nessa fase, o livro impresso imita o manuscrito, que, por longo tempo, continua sendo o mais valorizado. Um bom exemplo disso é o chamado *Livro de Horas* — fenômeno eminentemente medieval, dado como tábua de medição do tempo sagrado (cf. BABO, 1993, p. 29) — no qual a conjunção escrita/imagem é evidente, sobretudo no trabalho com as iluminuras, que assim se definem:

> Arte que, nos antigos manuscritos, e em certo número de incunábulos, alia a ilustração e a ornamentação, por meio de pinturas a cores vivas, ouro e prata, de letras iniciais, flores, folhagens, figuras e cenas, em combinações variadas, ocupando parte do espaço comumente reservado ao texto, e estendendo-se pelas margens em barras, molduras e ramagens. (FERREIRA, 1975, p. 747)

Depois de 1500, com o aperfeiçoamento da imprensa, o livro vai-se modificando, desde o tipo de papel até os detalhes formais ligados à disposição das letras na página, à forma das ilustrações, possibilitando tiragem e divulgação maiores e mais rápidas.

Tal desenvolvimento da indústria do livro, por propiciar a proliferação de ideias, ocasionou também formas de controle. O movimento da Inquisição, em sua caça a leitores de livros proibidos, é um bom exemplo disso. No Brasil, a história do livro passa pela política colonial portuguesa e sua proibição de instalar prelos em seus territórios, como forma

Na iluminura, a gravura e a letra iluminam a leitura.

de impedir o fortalecimento de sentimentos nativistas (cf. HERKENHOFF, 1996, p. 79). Observe-se que em todos os regimes de exceção os livros são censurados e usualmente queimados. É o que ocorreu, por exemplo, durante o nazismo na Alemanha e após o golpe de 64 no Brasil. Outro caso famoso de censura é o de Salman Rudshie, escritor perseguido por haver escrito *Os versos satânicos*. Vale lembrar aqui o filme *Fahrenheit 451*, em que, ameaçadas, as pessoas decoram os livros para fazê-los sobreviver.

A presença do livro na nossa cultura deu-se, pois, de forma fundante e avassaladora: civilização pela escrita, ela seria — como se concebia há até bem pouco — a chave com a qual abrimos as portas da História. Vivemos, em consequência, numa sociedade grafocêntrica, embora se saiba que essa posição conferida à palavra escrita não significa exclusividade, não só porque há culturas que dela prescindem como porque, na atualidade, confere-se à imagem uma nova dimensão. Tal postura não impede, no entanto, que nos aproximemos do livro, um dos objetos-símbolo da modernidade, com certa reverência.

A ideia de livro está tão associada à de modernidade que chega a conformar a construção do nosso imaginário cultural. Na obra *Por que ler os clássicos*, Italo Calvino, escritor italiano (1923-1985) afirma que Dom Quixote, o primeiro herói moderno, problemático, construiu a si mesmo e ao mundo que o rodeia exclusivamente através dos livros:

> Desde suas primeiras páginas, o primeiro romance de cavalaria da Espanha parece querer nos advertir de que todo livro de cavalaria pressupõe um livro de cavalaria precedente, necessário para que o herói se torne cavaleiro. (...) talvez a cavalaria não tenha nunca existido antes dos livros de cavalaria ou até que só existiu nos livros. Assim, é possível compreender como o último depositário das virtudes cavaleirescas, Dom Quixote, será alguém que construiu a si mesmo e a seu próprio mundo exclusivamente por meio dos livros. (CALVINO, 1993, p. 62)

O livro, mais do que um elemento do mundo da criação cultural, se confundiria, assim, com a própria realidade.

É ainda pela referência ao universo dos livros que se criam, por exemplo, as personagens femininas do século XIX. Heroínas inauguradoras da modernidade, são infladas pela leitura romanesca e por elas insufladas no desejo de extrapolação dos limites impostos por uma sociedade estratificada: Ema Bovary, de Flaubert; Luísa, de Eça de Queirós. A essas heroínas poderíamos acrescentar Ana Rosa, personagem do romance *O mulato*, de Aluísio de Azevedo, também influenciada pela visão romântica do amor de que é símbolo, no romance, a estatueta em *biscuit* de Paulo e Virgínia, guardada em meio aos romances e poesias que a levavam às lágrimas. Também Paulina Bonaparte, criada por Alejo Carpentier em *O reino deste mundo* se enternece com os amores de Paulo e Virgínia e é sob influência desse romance e de outras obras românticas que chega à conturbada São Domingos, no Caribe, sentindo-se personagem da paisagem paradisíaca criada por Bernardin de Saint-Pierre. Na literatura mineira, o escritor do começo do século, Avelino Fóscolo, em seu romance *A Capital*, cria uma personagem — Lená — na tradição bovarista de mulheres influenciadas pela leitura de romances.

É também sob o signo do livro que se deseja descortinar a modernidade brasileira, introduzi-la no sonho longamente acalentado de entrar no concerto das nações com a marca da liberdade pretensamente conferida pela leitura:

> Oh! Bendito o que semeia
> Livros... livros à mão cheia...
> E manda o povo pensar!
> O livro caindo nalma
> É gérmen – que faz a palma,
> É chuva – que faz o mar.
> (CASTRO ALVES, 1965, p. 3)

A América, *pátria da imprensa*, como quer Castro Alves, continente da liberdade política sonhada pelos românticos, só cumpriria o seu destino sob a égide iluminadora do livro.

Caetano Veloso, no CD chamado *Livro*, discorre sobre o lugar do livro em sua casa, símbolo da sociedade como um todo. Registra sua força e seu poder de sedução, seja para ser amado ou odiado:

> Os livros são objetos transcendentes
> Mas podemos amá-los do amor táctil
> Que votamos aos maços de cigarros
> Domá-los, cultivá-los em aquários
> Em instantes, gaiolas em fogueiras
> Ou lançá-los para fora das janelas
> (Talvez isso nos livre de lançarmo-nos)
> Ou – o que é muito pior – por odiarmo-los
> Podemos simplesmente escrever um.
> (VELOSO, 1997)

Embora ocupe esse papel importante na civilização moderna, esse objeto tão emblemático estaria, segundo alguns estudiosos, em vias de desaparecimento, sendo substituído celeremente por outras formas de comunicação. Talvez um dia dele nos aproximemos como nos aproximamos hoje dos manuscritos pacientemente copiados pelos monges medievais: com reverência e admiração devidas a objetos de museu.

## — O livro na rede —

Os multimídia definitivamente se instalaram; vieram para ficar, transformando nossa forma de ver o mundo, de ler os textos, já que vazados numa nova linguagem. Cada vez mais se barateiam os custos de produção dos "objetos" de leitura audiovisuais se comparados à fatura paga para os processos de feitura do livro impresso.

A globalização define o nosso tempo. Mesmo os países periféricos como o nosso vivem uma cultura globalizada, transnacional. A escala que vai do Big sanduíche do Mc'Donalds à rede Internet, das marcas de cigarro às transmissões via satélite, já foi incorporada ao nosso quotidiano, entranhando o nosso sistema de relações e, mais do que isso, enformando nosso imaginário, imprimindo-lhe novas identidades, ou melhor, problematizando as possibilidades de recorte de identidade.

Sabemos, contudo, que a globalização vem carregada de perversidades, como o desemprego estrutural, a pasteurização violenta das diferenças, a unificação nem sempre desejável dos discursos. O recebimento da imagem, sobretudo via comunicação de massa, pode levar à alienação causada, por sua vez, pelo embotamento da sensibilidade e da capacidade reflexiva. A fragmentação dos discursos e sua proliferação conduzem à recepção acrítica do texto, que se faz objeto de consumo imediato. Ocorre, nesse sentido, uma forma de controle, pois o cidadão que se pensa livre, acha-se subordinado a uma rede de informações controlada por grupos. Mesmo que a imagem não seja virtualmente fabricada, seu uso indiscriminado é uma forma de manipulação de dados da realidade. Beatriz Sarlo, falando sobre a promessa de liberdade inerente ao uso do controle remoto, por exemplo, ressalta a subordinação do espectador ao jugo televisivo e ao que ela chama suas duas leis:

> Primeira lei: produzir a maior acumulação possível de imagens de alto impacto por unidade de tempo e, paradoxalmente, baixa quantidade de informação por unidade de tempo.
>
> Segunda lei: extrair todas as conseqüências do fato de que a retroleitura dos recursos visuais e sonoros que se sucedem no tempo é impossível. (SARLO, 1997, p. 57)

Essa impossibilidade da retroleitura, ou seja, a impossibilidade de se voltar ao texto televisivo quantas vezes se queira, é que restringe o poder de escolha do usuário do controle remoto. Na verdade, ele pensa que controla, mas é controlado.

Além disso, convivemos com o aprofundamento do fosso entre os que podem tirar o máximo proveito das conquistas da mundialização da cultura — informação rápida, ligação instantânea com o mundo todo, maravilhas da realidade virtual e de um sem-número de possibilidades advindas dos computadores — e a massa dos analfabetos, semiescolarizados, sem-terra e outros. Está claro que os processos de aquisição de conhecimento, envolvendo as novas formas de leitura, são atravessados por contradições, apresentando-nos desafios frente aos quais se delineia a urgência de nossa tomada de posição. Para a educação, o mundo contemporâneo com suas múltiplas possibilidades é um desafio. Tomar posse de suas conquistas é questão de vida ou morte. O conjunto constitutivo desse processo apresenta-nos também a oportunidade de queimar etapas. Simultaneamente, coloca-nos diante de um dilema: a posse desse instrumental, de um lado, reforçaria as ilhas de excelência de aquisição de conhecimento; de outro, criaria um lastro de conhecimento para uma autêntica revolução educativa.

Tal dilema há que ser repensado em sua dimensão política: quem tem acesso a essa nova forma de linguagem? Que grupos detêm as informações que alimentam os bancos de dados dos computadores? No entanto, esse dilema não é novo, já que a relação entre saber e poder sempre existiu. A história da escrita e do próprio livro pode ajudar-nos a entendê-la. Se a impossibilidade de acesso ao computador discrimina parcelas da população, ou as consequências do acesso facilitado aos meios de comunicação de massa podem ser perniciosas, as dificuldades de aquisição da escrita também discriminam, ainda hoje.

A escrita e o livro nasceram, como se viu, ligados a pequenos grupos, sempre com o objetivo, seja do controle comercial, administrativo e contábil, seja do controle religioso e cultural. Não é sem razão que as bibliotecas ficavam nos mosteiros, como lugares reservados, quase sagrados, só acessíveis a iniciados. A biblioteca foi assim, desde seus primeiros dias até os fins da Idade Média, o que seu nome indica etimologicamente, isto é, um *depósito de livros*, e mais o lugar onde se esconde o livro do que o lugar de onde se procura fazê-lo circular (cf. MARTINS, 1996, p. 71).

Das pinturas nas cavernas, praticamente ocultas, chega-se à materialidade da imagem em *outdoors* agressivos ou à virtualidade das imagens informatizadas. Das bibliotecas escondidas nos mosteiros — misto de sedução e perigo — chega-se quase à sonhada biblioteca universal, que agruparia todos os livros produzidos pelo homem. O escritor argentino Borges, que fez dos livros e da biblioteca tema de vários de seus textos, fala-nos da biblioteca universal, Babel que conteria até os livros que ainda não foram escritos. Observe-se que já estamos muito próximos disso: um disquete de CD-ROM, por exemplo, pode conter dezenas de milhares de páginas. Assim transformado, o livro é maquinaria para pôr em ação o pensamento criativo do homem, como o considera Arlindo Machado (MACHADO, 1994, p. 207). O mesmo autor afirma que se o livro era um recurso para situar a memória humana fora do homem, ampliando-lhe a difusão e a permanência, os recursos da multimídia possibilitam a visualização do livro como uma máquina que torna o pensamento visível na sua elaboração. Dessa forma, o próprio livro se faz imagem.

A tela dos computadores, biblioteca sem paredes, favorece potencialmente uma circulação muito mais ampla do livro. Isso se dá na medida em que se articula o "escrito" a múltiplas linguagens, permitindo as alterações estruturais conferidas pelo desejo do leitor, que divide o espaço da tela, recortando partes, inserindo imagens e sons, recebendo contribuições à distância, modificando o livro na sua forma impressa como um meio privilegiado de multiplicação ou circulação da palavra escrita.

> Com o monitor, que vem substituir o códice, a mudança é mais radical, posto que são os modos de organização, de estruturação, de consulta do suporte do escrito que se acham modificados. Uma revolução desse porte necessita, portanto, outros termos de comparação. (CHARTIER, 1994, p. 187)

A irreversível conjunção escrita/imagem explicita-se obsessivamente na variedade de códigos circulantes, mudando o estatuto da escrita e, consequentemente, os conceitos de autor e leitor. Na Idade Média, a escrita desconhecia a figura do autor como proprietário. Isto é, a questão da autoria como propriedade de um indivíduo não era tratada como hoje. O direito do autor sobre seus escritos nasce da defesa dos direitos do livreiro/editor: para poder manter o lucro sobre a circulação da mercadoria livro, o livreiro/editor, para não se responsabilizar pelo saber veiculado, vê-se na contingência de defender também o autor como proprietário. Tanto isso é verdade que na capa do livro apareciam, por volta do século XVII, com igual destaque, os nomes do livreiro, da pessoa a quem se dedicava o livro — o patrono — e do autor. Com a ascensão da burguesia, consolida-se a figura do autor enquanto indivíduo, cujo nome passa a figurar no lugar mais importante da capa e a dirigir, de certa forma, a leitura de seu texto. O Romantismo, por exemplo, considera-o a figura central da escrita, conferindo-lhe o toque de gênio que o individualiza como criador. A modernidade mata o autor, diluindo seu poder de dirigir determinada leitura. Paradoxalmente, é nesse momento que os direitos autorais são mais garantidos por leis específicas. Concebido como um espaço de muitas vozes, o texto multiplica seus sujeitos, acolhendo outros textos num processo de apropriação consciente. Os limites entre apropriação legítima e plágio se diluem, já que se reconhece hoje que todo texto é sempre feito de outros textos. O jogo leitura/escrita é, então, eminentemente intertextual, como a própria rede cultural de que todos participam ativamente, seja como produtor, seja como recebedor de textos vários.[1]

---

[1] Uma discussão mais pormenorizada sobre a intertextualidade pode ser encontrada no livro *Intertextualidades: teoria e prática*, de Graça Paulino, Ivete Walty e Maria Zilda Cury, publicado pela editora Lê.

Pode-se ilustrar essa diluição de fronteiras provocada pela apropriação de textos, com o episódio em que Mário de Andrade é acusado de plágio, por se apropriar dos mitos de Koch-Grünberg na escrita de *Macunaíma*. Respondendo a Raimundo Moraes, que tenta defendê-lo no seu *Dicionário de Cousas da Amazônia*, mas, implicitamente, reforça a acusação de plágio, Mário de Andrade "confessa" ter roubado inúmeros autores, evidenciando que toda escrita se constrói como uma apropriação sem reservas:

> Copiei sim, meu querido defensor. O que me espanta e acho sublime de bondade é os maldizentes se esquecerem de tudo quanto sabem restringindo a minha cópia a Koch-Grünberg, quando copiei todos (...) Confesso que copiei, copiei às vezes textualmente. (ANDRADE, 1931)

Mas é o mesmo Mário quem completa dizendo, até contraditoriamente, que o nome dele está no livro *Macunaíma* e dali ninguém o tirará.

Nesses tempos pós-modernos, as apropriações se fazem mais explicitamente num processo de colagem em que, muitas vezes, os autores são copiados até literalmente. Mais que paráfrases ou paródias, trata-se de pastiches já que se apropriam gêneros e estilos sem a reverência anterior. Autores e personagens se confundem, exigindo do leitor uma postura menos acomodada. Se isso já acontece no livro em sua forma tradicional, a leitura na tela do computador promove a apropriação esquizofrênica dos textos, na medida em que o leitor corta, recorta e cola gêneros, espécies, estilos, radicalizando o alargamento do âmbito de circulação dos textos. Pierre Lévy, em artigos periodicamente publicados pela *Folha de S. Paulo*, defende a ideia de que a rede informatizada garante a democratização do acesso à produção de conhecimento, já que para se fazer circular um texto não é mais necessário subordinar-se à hierarquia das editoras. Diz ainda que só criticam tal sistema aqueles que são contrários à democratização do conhecimento. Tal posição, bem intencionada, desconhece, no entanto, a realidade dos países periféricos, onde a maioria dos cidadãos não tem acesso à tecnologia tão avançada dos computadores. Além disso, outras formas de controle da produção simbólica vão aparecendo, sem contar que criar uma *homepage* para divulgar seus próprios textos não garante uma efetiva recepção.

Essa circulação não assegura, pois, a democratização dos bens culturais, sobretudo no Brasil, país de contradições, que convive, simultaneamente, com as conquistas mais avançadas da tecnologia mundial e com a falta de acesso de muitos ao mínimo indispensável a uma vida digna.

Dessa forma, o livro divide seu espaço com uma sociedade ainda oralizada — desde os grupos primitivos que prescindem da escrita, até grandes contingentes de analfabetos, marginalizados do universo da cultura letrada, mas submissos ao poder dos meios de comunicação de massa — e também com o mundo sofisticado dos multimídia.

O professor, trabalhando com o aluno de uma classe social mais favorecida, ou com aquele mais carente, não pode, então, eliminar do seu horizonte de ensino essas contradições. Mais que a mudança de um mero suporte, as transformações sofridas pelo livro implicam formas diversas de escrita/leitura, determinadas por diferentes visões de mundo.

Editores e livreiros, intelectuais, teóricos da comunicação, com enfoques diferentes, discutem hoje a possibilidade de se mudar o conceito de livro, propondo que, em lugar de texto impresso, seja considerado livro todo registro de ideias, independentemente de seu suporte (papel, fita magnética, CD-ROM, etc.). Sem entrar no mérito dessa discussão, vale atentar para o fato de que, mesmo nesse cenário de tantas mudanças na sua forma, o livro tradicional conserva-se como objeto de desejo. Isso pode ser comprovado, por exemplo, nas últimas bienais internacionais do livro de São Paulo, onde enormes pavilhões são percorridos por milhares de visitantes, durante muitos dias. Crianças e adultos circulam pelos *stands* das exposições, folheando, comprando, admirando esse objeto que, só pelo fato de merecer tal destaque, evidencia sua importância.

    Talvez seja por essa relação afetiva que leitores mantêm com seus livros que haja resistência ao livro digital, ao chamado *E-book (electronic-book)*. Atentas para o padrão a que o público leitor está acostumado, firmas norte-americanas lançaram no mercado pequenos "aparelhos" de leitura eletrônica com forma e cheiro do velho livro, reproduzindo na tela de cristal líquido até o tom do papel. A tentativa de manter o contato pessoal, sensível, do leitor com o texto que tem diante de si mostra a preocupação de ir acostumando o público às novas formas, mas sem perder o mercado comprador ainda ligado às antigas. Os fabricantes de livros eletrônicos também avisam que não têm a intenção de substituir completamente os livros de bolso em papel, que fazem parte do mercado editorial desde 1840 e têm um custo de produção muito baixo. Vê-se, então, que os projetos de livros de bolso eletrônicos, como o que se pode ver em reportagem da revista *IstoÉ*,

*E-book*: uma nova proposta de livro.

intitulada "O livro de todos os livros", não ameaçam ainda o tradicional livro de papel.

## — De bibliotecas e leitores —

Outro índice de que o livro, tal como o conhecemos hoje, continua a ocupar lugar de destaque no mundo da cultura pode ser percebido na construção da nova Biblioteca Nacional da França, em sua matriz borgiana. Quatro prédios imensos, de 79 metros de altura cada um, em forma de livros abertos, pretendem abrigar todo o acervo de livros impressos, os periódicos e os documentos audiovisuais que ficavam à disposição dos pesquisadores na antiga Biblioteca Nacional, acrescido de toda aquisição feita a partir de 1990. Os quatro prédios, como quatro departamentos temáticos, dão à nova Biblioteca Nacional uma verdadeira dimensão enciclopédica e é com esse sentido que os seus idealizadores a conceberam como portal de entrada ao século XXI. Mas, como dissemos, Borges já havia imaginado isso:

> O universo (a que outros chamam a biblioteca) é constituído por um número indefinido, e talvez infinito, de galerias hexagonais, com vastos postos de ventilação ao centro, cercadas por varandas baixíssimas. De qualquer hexágono vêem-se os pisos superiores e inferiores, interminavelmente. (BORGES, 1995, p. 84)

Essa proliferação está tanto no espaço físico concebido como labirinto quanto no potencial de leitura que aí se encerra. Em função disso, o escritor francês Roland Barthes caracteriza a biblioteca como espaço de recalque, já que esta nunca se adequa ao desejo do leitor, na medida em que ou supera suas expectativas ou as frustra. Quando é muito grande, o leitor se decepciona por não poder ler tudo o que ela contém. "Nesse caso é a profusão mesma dos livros que é a lei, a castração (BARTTHES, 1988, p. 47). Quando não tem o livro que ele deseja, a biblioteca se torna pequena demais.

Por outro lado, ela é "um espaço que se visita, mas não um espaço que se habita" (BARTTHES, 1988, p. 47). Nesse sentido, ele fala da vontade que o leitor tem de possuir o livro como objeto, sentindo-se em casa com ele. É porque frustra o leitor que a biblioteca busca sempre seduzi-lo.

Nessa tentativa de seduzir o leitor, as bibliotecas modernas ampliam-se com a oferta de CD-ROM e outros produtos de alta tecnologia informacional. Por isso, mesmo nessas construções majestosas e modernas, antecipações do terceiro milênio, não se esqueceu de criar um lugar privilegiado para o leitor tradicional. Também as modernas livrarias das grandes cidades, como Paris, Nova York ou São Paulo, em seus diversos espaços, oferecem ao consumidor uma infinidade de produtos informatizados, ao lado do usual livro.

O livro manuseado por nós é um espaço que convida à descoberta, ao desafio da produção do conhecimento. Enquanto registramos, de inúmeras maneiras, as ideias que nele circulam, também deixamos nossas marcas impostas pelo manuseio, traços, muitas vezes, de nossa relação afetiva: folhas gastas por repetidas leituras, anotações feitas nas margens revelando nossa forma de ler. Não se pode esquecer que reações de agressividade também atingem o livro, esse objeto de desejo que suscita amor e ódio: desde páginas rasgadas por leitores insatisfeitos ou displicentes, até livros queimados por motivos político-religiosos. Mais que resultado de atitudes individuais, tais marcas e vestígios também falam dos lugares sociais da leitura e de suas contradições.

Diga-se de passagem que há uma linha de pesquisa contemporânea — a chamada crítica genética — voltada para o estudo de manuscritos, rascunhos, rasuras e da marginália (anotações e marcas deixadas nos livros) dos escritores. Na verdade, tal crítica quer apreender a criação não só literária, mas artística em geral, em processo, em constituição, interessando-se por tudo aquilo que precedeu a publicação impressa.

Importa salientar que, a despeito de todo avanço tecnológico que tanto vem modificando a sua forma, o livro — objeto de papel — continua alargando as fronteiras do mundo, ou mais que isso, construindo mundos. O depoimento de alguns escritores/leitores evidencia sua relação afetiva com os livros. Para Lígia Bojunga Nunes, o livro é uma casa e, ao mesmo tempo, elemento para a construção do mundo:

> Pra mim, livro é vida; desde que eu era muito pequena os livros me deram casa e comida.
> Foi assim: eu brincava de construtora, livro era tijolo; em pé, fazia parede; deitado fazia degrau de escada; inclinado, encostava num outro e fazia telhado.
> E quando a casinha ficava pronta eu me espremia lá dentro pra brincar de morar em livro.
> De casa em casa eu fui descobrindo o mundo (de tanto olhar pras paredes). Primeiro, olhando desenhos; depois, decifrando palavras.
> Fui crescendo; e derrubei telhados com a cabeça.
> Mas fui pegando intimidade com as palavras. E quanto mais íntima a gente ficava, menos eu ia me lembrando de consertar o telhado ou de construir novas casas.

Para ela, livro é também alimento, fonte de vida:

> Só por causa de uma razão: o livro agora alimentava a minha imaginação.
> Todo dia a minha imaginação comia, comia e comia; e de barriga assim toda cheia, me levava pra morar no mundo inteiro: iglu, cabana, palácio, arranha-céu, era só escolher e pronto, o livro me dava.
> Foi assim que, devagarinho, me habituei com essa troca tão gostosa que – no meu jeito de ver as coisas – é a troca da própria vida; quanto mais eu buscava no livro, mais ele me dava.
> Mas como a gente tem mania de sempre querer mais, eu cismei um dia de alargar a troca: comecei a fabricar tijolo pra – em algum lugar – uma criança juntar com

outros, e levantar a casa onde ela vai morar.
(NUNES,1988, p. 7-8)

Construir mundos, literal e metaforicamente, seria a função do livro no depoimento da escritora Lygia Bojunga Nunes. O íntimo contato físico com o livro — longe de ser exclusivamente da autora — é experiência que se transforma na condição mesma da escrita e de sua recepção criativa pelos leitores. Não é por acaso que tantos escritores tematizaram o livro, inclusive na sua materialidade. Para o filósofo e escritor francês Jean-Paul Sartre, por exemplo, ele é o substituto da "infância vivida":

> Deixavam-me vagabundear pela biblioteca e eu dava assalto à sabedoria humana. Foi ela quem me fez. (...) As densas lembranças, e a doce sem-razão das crianças do campo, em vão procurá-las-ia, eu, em mim. Nunca esgaravatei a terra nem farejei ninhos, nem herborizei nem joguei pedras nos passarinhos. Mas os livros foram meus passarinhos e meus ninhos, meus animais domésticos, meu estábulo e meu campo; a biblioteca era o mundo colhido num espelho; tinha a sua espessura infinita, a sua variedade e a sua imprevisibilidade. (SARTRE, 1978, p. 31-32)

Fascinado desde a infância por animais, o escritor argentino Jorge Luis Borges, em suas visitas ao zoológico quando menino, só se convencia a ir embora quando ameaçado de ficar sem os livros.

Para Carlos Drummond de Andrade, livro e história de vida se equivalem:

> (...)
> Eu sozinho menino entre mangueiras
> lia a história de Robinson Crusoé,
> comprida história que não acaba mais.
> (...)
> E eu não sabia que minha história
> era mais bonita que a de Robinson Crusoé.
> (ANDRADE, 1978, p. 3-4)

Em outro texto de tom autobiográfico do mesmo autor, "Biblioteca verde", o narrador fala do prazer que sentiu ao receber do pai uma coleção de capa verde, que lhe proporcionou viagens infinitas a partir do contacto físico com os livros. Na verdade, a atração do escritor itabirano pela letra impressa desde cedo já se revelava, ligada à imagem paterna. Interesse tão prematuro prenuncia também o nascimento de sua atividade como escritor o que pode ser percebido em vários de seus textos.

João Ubaldo Ribeiro, falando de sua formação de leitor, destaca a importância da presença de livros em sua família:

> Nada, porém, era como os livros. Toda a família sempre foi obsedada por livros e às vezes ainda arma brigas ferozes por causa de livros de furto ou apropriação indébita.
> (...)
> Não sei bem dizer como aprendi a ler. A circulação entre os livros era livre (tinha que ser, pensando bem, porque eles estavam pela casa toda, inclusive na cozinha e no banheiro), de maneira que eu convivia com eles todas as horas do dia, a ponto de passar tempos enormes com um deles aberto no colo, fingindo que estava lendo e, na verdade, se não me trai a vã memória, de certa forma, lendo, porque quando havia figuras, eu inventava as histórias que elas ilustravam, e, ao olhar para as letras, tinha a sensação de que entendia nelas o que inventara. (RIBEIRO, 1995, p. 140-142)

Graça Paulino, em seu depoimento de formação de leitora, ao contrário, fala da escassez de livros em sua infância, o que não a impediu de se tornar leitora voraz. Em sua fome por encontrar livros, descobre as meninas ricas que, generosamente, os emprestavam a ela.

> Não virei ladra de livros especialmente porque me tornei amigas das filhas do patrão de minha mãe, e elas passaram a emprestar-me seus livros "usados". Melhor mesmo foi quando resolveram liberar-me o acesso ao *Tesouro da juventude*, e, acreditem, ao melhor livro de todos para mim na época,

> *As mais belas histórias*, fonte inesgotável de prazeres na minha infância. (Paulino, 1995, p. 15)

No conto, "Felicidade clandestina", de Clarice Lispector, a situação se inverte, já que a menina rica se diverte, prometendo e recusando o livro *Reinações de Narizinho*, de Lobato, que a narradora tanto queria.

Livros e leituras se constroem, pois, ora como imagens, ora como objeto físico de prazer, mas sempre como promessa de viagens. Este é o caso do texto de Ziraldo em que personagens de contos de fada tradicionais se armam para libertar uma borboleta falsamente presa entre as páginas. Tratado inclusive na sua materialidade, o leitor pode navegar "nas ondas" da leitura toda vez que abre um livro:

> — Nós viemos libertar você, tirar esses grampos que te prendem a este livro.
> — Para você voar...voar...
> (...)
> E a borboleta falou:
> — Eu não estou presa!
> (...)
> — Eu não estou presa, porque cada vez que uma menina — que gosta do Gato-de-Botas, por exemplo — abre este livro e move as suas páginas, eu bato as minhas asas!
> — Eu não estou presa, porque, cada vez que o pai de um menino — com saudade do Peter Pan — tira este livro da estante e torna a passar suas páginas, eu volto a voar. (Ziraldo, 1980, p. 20-23)

Observe-se, pois, que ao relatar a história do livro, seu processo de produção e recepção, esboçamos também imagens da leitura, do processo de leitura e seus componentes.

Imagens da leitura

# — Retratos do leitor —

> Nunca lhe aconteceu, ao ler um livro, interromper com freqüência a leitura, não por desinteresse, mas, ao contrário, por afluxo de idéias, excitações, associações? Numa palavra, nunca lhe aconteceu ler levantando a cabeça?
>
> Roland Barthes

Essa epígrafe nos diz que, muitas vezes, lemos levantando a cabeça em função das emoções e associações causadas pela leitura e por uma infinidade de situações contextuais. Tais situações só aparentemente se localizam fora da leitura. Ler levantando a cabeça aponta o trabalho de tessitura dos significados que não estariam, então, circunscritos, limitados ao texto, assim como não estão no autor ou no leitor exclusivamente, mas no cruzamento de olhares entre eles. O leitor é um produtor de sentidos e traz, para o interior do "mundo de papel", toda uma gama de elementos extratextuais.

Estamos acostumados a encarar o ato de ler como atividade solitária. As relações de identificação, de agrado ou antipatia que temos com os personagens dos romances nos levam a crer numa relação apenas pessoal, íntima, restrita à esfera do leitor como indivíduo. As representações na pintura sobre o ato de ler confirmam essa aparência. Famosos quadros, como por exemplo, os de Vermeer retratando leitoras, acentuam a vinculação do leitor com a palavra escrita nesse ambiente de solidão.

A leitura solitária encena a intimidade burguesa.

O livro, em muitos quadros, é representado também como sinal de distinção, como elemento atribuidor de status à pessoa retratada. A cultura letrada, numa sociedade grafocêntrica como a ocidental, dá importância fundamental ao livro como objeto distintivo de dignidade e saber. De um homem culto se diz, por exemplo, que é um homem de leitura o que evidencia o quanto a cultura escrita é considerada predominante. Não é por acaso que a escritora francesa Colette se deixou fotografar no jardim de sua casa, aos 18 anos, tendo um livro nas mãos. Essa imagem de leitora era, com certeza, a que queria passar aos amantes de seus textos. Ela mesma uma leitora insaciável, desde tenra idade tiraria da vida dos saraus literários parisienses os temas de sua escrita. Essa foto é tão significativa que foi reproduzida no importante livro *Uma história da leitura*, de Alberto Manguel (1997).

Uma escritora lê no jardim.

Ainda hoje, no mundo informatizado, invadido por imagens, tem-se como distinção para o homem culto o fato de ler muito. Veja-se um retrato de Jorge Amado em que o escritor, tendo nas mãos um jornal e inúmeros livros sobre a mesa de trabalho, é retratado completamente absorvido pela leitura.

Um escritor imerso num mundo de papel.

O empresário José Mindlin, bibliófilo e leitor voraz, publica em 1997 um livro em que conta sua paixão pelos livros, sobretudo pelos raros, e se deixa fotografar em meio a eles, como se pode ver na reprodução da capa do volume. Não é sem razão que, no prefácio, Antonio Candido realça o fato de Mindlin ler até nos engarrafamentos de trânsito, desligando-se do mundo que o cerca.

É claro que a leitura guarda essa dimensão de individualidade, já que nela muitas vezes nos envolvemos de forma tal que o mundo em redor de nós parece desaparecer e, em inúmeras ocasiões, a finalização da leitura de um livro causa uma sensação de perda, de vazio. Como já foi dito, nosso afeto pessoal se revela até nas marcas que nossos dedos vão imprimindo nos textos de nossa eleição, sinais visíveis do manuseio repetido.

Mas, na verdade, a leitura se dá sempre como diálogo, embora seja aparentemente uma atividade que se "faz sozinho". Nos atos de escrever e ler ativam-se visões de mundo, vivências, leituras e escritas anteriores, que interferem, condicionam, particularizam a leitura e os textos. Note-se que a palavra "diálogo", que usamos para falar sobre a leitura, evidencia uma troca. A imagem do leitor que busca, no livro, como os rastreadores, alguma coisa que o acompanhe na busca incessante de prazer, de conhecimento diz bem de um processo em que texto e leitor se confundem numa circularidade que pode ser vista como a metáfora mesma do ato de leitura. A esse propósito diz Michel De Certeau:

> Bem longe de serem escritores, fundadores de um lugar próprio, herdeiros dos lavradores de antanho – mas, sobre o solo da linguagem, cavadores de poços e construtores de casas –, os leitores são viajantes; eles circulam sobre as terras de outrem, caçam, furtivamente, como nômades através dos campos que não escreveram, arrebatam os bens do Egito para com eles se regalar. (DE CERTEAU, 1984, p. 12)

Como nos ensina a Estética da Recepção, todo texto tem seus vazios, aberturas a serem preenchidas pelo leitor com variadas significações. Apropriados por leitores situados em tempos e espaços diversos, esses vazios serão preenchidos também de forma diversificada. Umberto Eco (1995) chama essa figuração de leitor, que o texto de alguma forma prevê, de *leitor modelo*. Todo texto, no seu processo gerativo, espera determinada leitura. Isso quer dizer que a escrita, no seu fazer-se, pressupõe modos de interpretação. Acentua o crítico italiano a diferença entre o *leitor modelo* e o *leitor empírico:* o primeiro seria uma estratégia textual, que indica a forma como o texto quer ser lido; o segundo seríamos nós no ato de leitura.

O leitor modelo não é construído apenas no discurso literário. A rigor, todo texto cria esse leitor. A propaganda, por exemplo, também se faz insistindo em pactos prévios com seu leitor. A série de anúncios da Bom Bril apresenta seu garoto-propaganda Carlos Moreno travestido de vários personagens, imediatamente reconhecíveis pelo leitor médio: Einstein("A fórmula perfeita: Pinho Bril = Germes + Mortos/que nunca"), a figura materna ("O produto que não estraga as mães. Ou melhor, as mãos"), um cantor de heavy-metal ("Bom Bril é bom para polir metais") e outros. Uma das mais elaboradas é a que, na época da comemoração dos trinta anos da morte de Che Guevara, aproveita-se tanto da imagem do guerrilheiro, como de sua frase tornada célebre, verdadeira palavra de ordem: "hay que endurecerse pero sin perder la ternura jamás".

**HAY QUE ENDURECER CON LA GORDURA SIN PERDER LA TERNURA CON LAS MANOS JAMÁS!**

Discurso político e discurso publicitário num só texto.

No comercial, essa frase ganha uma versão publicitária, paródica: "hay que endurecer com la gordura sin perder la ternura con las manos, jamás!". É exemplo típico de apropriação em tempos pós-modernos, de globalização, absorvendo e dessacralizando mitos e discursos. Prevê, portanto, para tirar partido humorístico de sua proposta, um leitor que conheça o mito e sua frase. Além disso, satiriza tanto o discurso conservador que repudia o mito de Guevara, quanto, através do humor, o discurso revolucionário que com ele se identifica.

Na verdade, os textos incitam pactos de leitura, espécie de regras, de dicas para a entrada do leitor no seu universo de significações. O pacto de leitura que se trava em uma obra científica — exigência de precisão e clareza — ou em uma obra historiográfica — pretensamente verídica na sua recuperação dos fatos ocorridos no passado — é diferente do estabelecido em um texto literário, que justamente tira seu valor da ambiguidade dos seus termos, passíveis de decodificações até paradoxais.

A escrita ficcional, como se disse, igualmente estabelece pactos com seus leitores. O romance tradicional, obrigado à verossimilhança, ajusta-se à convenção do relato de fatos. Esses fatos são mostrados como verdadeiros ou possíveis de ocorrerem. A modernidade trouxe a desmitificação desse movimento e encena um narrador que desconstrói esse pacto para explicitar um outro, ou seja, o da afirmação do ficcional, que se exibe num mundo de papel, inventado. O texto, então, como que confessa seu caráter trapaceiro, lúdico, estabelecendo com o leitor um pacto de cumplicidade. Na produção moderna, a encenação, sob a forma de conclamação ao leitor, convocado a participar ativamente da narrativa ou do poema, tornou-se usual. Este é o caso da célebre dedicatória de Baudelaire (1821-1867) ao seu leitor de *As Flores do Mal:*

> É o tédio! – O olhar esquivo, a mínima emoção,
> Com patíbulo sonha, ao cachimbo agarrado.
> Tu já o viste, leitor, ao monstro delicado –

> Hipócrita leitor, meu igual, meu irmão.
> (BAUDELAIRE, 1985, p. 101)

Textos de José de Alencar, de Lima Barreto e Augusto dos Anjos são bons exemplos desse recurso. Machado de Assis frequentemente também se dirige ao leitor. No prefácio das *Memórias póstumas de Brás Cubas*, por exemplo, o narrador-defunto ironiza o leitor, advertindo-o quanto ao teor da própria obra.

> Acresce que a gente grave achará no livro umas aparências de puro romance, ao passo que a gente frívola não achará nele o seu romance usual. (MACHADO DE ASSIS, 1959, p. 413)

E, em várias outras partes da obra continua conclamando, ironicamente, o leitor a participar do processo narrativo.

> Ouço daqui uma objeção do leitor: – Como pode ser assim, diz ele, se nunca jamais ninguém não viu estarem os homens a contemplarem o seu próprio nariz. (p. 467)

De uma forma mais desconstrutora, em muitos escritores contemporâneos como Rubem Fonseca, Paulo Leminski, Silviano Santiago e outros, o texto se autoexamina e se explicita como ficcional.

Rubem Fonseca, por exemplo, no conto *Romance negro* arma o palco em que se representa como leitor de seu próprio livro, burlando tanto o leitor comum quanto a crítica.

> Que pena. Não devo tê-lo lido com atenção. Mas na suposição de que *Romance negro* era de Winner tive paciência para superar as estranhezas, as rupturas, as anormalidades, os desusos, as singularidades. Me apaixonei pelo livro. E depois o mesmo aconteceu com os críticos e com o público.
>
> Os críticos... Mary McCarthy tem razão: são os maiores inimigos dos leitores.
> No seu caso não. Eles elogiaram, aclamaram, prestaram todos os tributos possíveis ao *Romance negro*.
> Mas se o autor fosse esses coveiros diriam apenas R.I.P.
> (FONSECA, 1992, p. 172)

Mas mesmo em textos por assim dizer desconstrutores, trava-se sempre um pacto de leitura, regras construídas no interior da escrita, necessárias para que possamos entrar no "jogo da leitura". Italo Calvino leva, em *Se um viajante numa noite de inverno*, a desmistificação do ficcional a um grau extremo e, ao mesmo tempo, aí reafirma o "desejo de narrar", de recuperar o encantamento do leitor pela narrativa. Na contracapa do livro, assim se expressa:

> Ninguém sabe mais o que é verdade e o que é falso. O tema de meu livro é o fascínio do romanesco. E eu quis narrar a mistificação do nosso mundo. Mas quis também praticar um ato de confiança no romance. Meu livro é um romance que a todo momento se cancela, se interrompe, se pulveriza: indicação das múltiplas direções da narrativa contemporânea. (CALVINO, 1979, s/p)

Nesse seu texto metalinguístico[2], o leitor é o personagem principal, o ponto de convergência, quer das tramas das inúmeras "estórias" que vão sucedendo no romance, quer das várias teorias incorporadas a essa obra de ficção.

> Você vai começar o novo romance *Se um viajante numa noite de inverno* de Italo Calvino. Pare. Concentre-se. Afaste qualquer outro pensamento. Deixe que o mundo que o cerca se esfume no vago. A porta, será melhor fechá-la; do outro lado, a televisão está sempre ligada. Diga imediatamente, aos outros: "Não, eu não quero ver televisão!" Fale mais alto se eles não o ouvirem: "Estou lendo! Não quero ser perturbado!" Com toda essa barulhada, pode ser que não o tenham escutado: fale mais alto, grite: "Estou começando o novo romance de Italo Calvino!" Ou, se preferir, não diga nada; esperemos que eles o deixem em paz. (CALVINO, 1979, p. 9)

Ironicamente encenando o momento mesmo da leitura, evidenciando o leitor como "ser de papel", chama-o a tomar parte na narrativa, para nela envolver-se com suas atribulações pessoais. A atividade de leitura ocupa uma tal

---

[2] A respeito do processo metalinguístico, ver: CURY, M. Zilda; WALTY, Ivete. *Textos sobre textos: um estudo da metalinguagem*. Belo Horizonte: Dimensão, 1998.

centralidade no texto que chega plasticamente a interferir na reprodução escrita:

> O romance começa em uma estação ferroviária; uma locomotiva apita, um silvo de pistão envolve a abertura do capítulo, uma nuvem de fumaça esconde em parte o princípio do primeiro parágrafo. No cheiro da estação passa um bafo que recende a restaurante. Alguém olha através das janelas embaçadas, abre a porta envidraçada do bar, tudo está brumoso em seu interior, como visto através dos olhos de um míope ou de olhos irritados por um cisco. São as páginas do livro que estão embaçadas, como os vidros das janelas de um velho trem; sobre as frases é que pousa a nuvem de fumaça. (CALVINO, 1979, p. 15)

Vê-se dessa forma que pintores e escritores tomam o leitor não apenas como interlocutor extratextual, mas também o representam no texto, ora como mero ouvinte ou espectador, ora como parceiro, ora como personagem.

O filme de Michel de Ville, *La lectrice — Uma leitora muito particular*, na versão brasileira — toma o leitor como personagem, cujo papel é justamente o de ser leitora, engendrando uma cadeia de leituras. Cada vez que ela lê um texto para um leitor, cria-se um espaço de representações que envolve quem lê e quem ouve, na busca de satisfação de seus desejos. Além disso, o filme representa um casal que lê na cama, fundindo ordens diferentes: a história do filme, a história lida pelo casal e as histórias lidas pela personagem dessa primeira história.

Como no livro de Calvino, história puxa história, fundindo livros e realidades em imagens, o referente penetra no texto evidenciando que também o real é fruto de leituras/escrituras.

No processo de leitura, vislumbram-se imagens construídas pelas palavras. Sem necessidade de gravuras ou quaisquer ilustrações, imagens se formam na mente do leitor por força de recursos utilizados, de ordem fônica, gráfica, morfossintática, atravessados sempre pela rede de significações. Tudo são imagens, linguagem que se faz figura a desafiar o investimento do leitor no texto.

Imagens na leitura

– De metáforas e metonímias –

Na composição textual, metáforas, metonímias e outros recursos linguísticos dão ao texto uma dimensão material, num jogo de deslocamentos e condensações. Dessa forma, a literatura pode até prescindir da imagem propriamente dita no sentido em que cria imagens com palavra. A imagem verbal, evidenciando o corte entre o signo e o referente, aumenta sua potencialidade de significações. Aliás, o uso da linguagem figurada não é privilégio da literatura, nem da língua dada como padrão. Ao contrário, qualquer pessoa faz uso de imagens em sua linguagem corriqueira. A série de propagandas da Brastemp em que se mostra a superioridade da marca em detrimento de outras motivou o uso da palavra Brastemp como sinônimo daquilo ou daquele que é tido como o melhor: "Ele não é nenhuma Brastemp".

A criança, sem nenhum conhecimento do processo de figuração na linguagem, utiliza-se de metáforas, ao estabelecer analogias entre palavras de seu universo e outras mais distanciadas, chegando a compor naturalmente textos poéticos: "Raiva é um balão grande que estourou na minha cara!" Esse texto de uma criança de oito anos demonstra a descrição de um sentimento abstrato de forma concreta, através da interseção de dois nomes diversos — raiva e balão estourando — trazendo a ideia de desconforto, explosão.

No campo da literatura, podemos, pois, ver que tudo são imagens, linguagem que se faz figura a desafiar o investimento do leitor no texto. Nesse sentido, vale lembrar a diferença entre figura e imagem, que, conforme Maria Luiza Ramos, muitas vezes, empregamos indistintamente. Diz a autora:

> Pode-se observar desde logo que figura tem uma função mais restrita, referindo-se ao processo de produção, enquanto imagem se usa em sentido mais amplo, estendendo-se a todo e qualquer produto da figuração. Uma figura como a metáfora, por exemplo, produz uma infinidade de imagens, tanto de uso idiomático quanto de natureza poética. (RAMOS, 1992, p. 94)

Exemplifique-se esse processo com a primeira estrofe do poema "Inscrição", de Cecília Meireles:

> Sou entre Flor e nuvem,
> Estrela e mar.
> Por que havemos de ser unicamente humanos,
> Limitados em chorar? (MEIRELES, 1983, p. 278)

O desejo de superação da condição humana se expressa nas figuras de flor, nuvem, estrela e mar. Cada uma delas condensa várias imagens, de acordo com a vivência do leitor. Flor pode significar beleza, sensibilidade, luminosidade, vida. Tal carga semântica se amplia na relação com as outras figuras. A ideia de luminosidade se fortalece em estrela que, por sua vez, traz a significação de intangibilidade, distância e perenidade.

As figuras podem levar a imagens previsíveis, mais próximas, como as acima descritas, que têm o seu contraponto na abstração de metáforas inusitadas. Um poema de João Cabral é bastante ilustrativo desse jogo criativo elaborado pelo texto. Em "Paisagem do Capibaribe", o escritor pernambucano associa a seca à estranha imagem de um cão sem plumas:

> Aquele rio
> era como um cão sem plumas.
> Nada sabia da chuva azul,
> da fonte cor-de-rosa,
> da água do copo de água,
> da água de cântaro,
> dos peixes de água,
> da brisa na água.
> (MELO NETO, 1994, p. 105)

A estranheza da imagem é reforçada por uma definição do rio pela ausência, por aquilo que lhe falta inclusive para ser rio.

Em imagens previsíveis ou inusitadas como a de Cabral, um significante leva a outro, que leva a outro, formando uma rede de significações.

Por outro lado, há textos que criam cenários como se fossem pinturas. Isso se dá pela intensidade com que os signos linguísticos elaboram a representação de séries de atividades picturais, exploradas pela focalização intencional de quem pinta, escrevendo, o que vê. Essa intencionalidade descritiva pode ser marcada pelo que Barthes denomina de verossimilhança estética. A literatura chamada naturalista, por exemplo, ancora-se nela, já que tem a intenção explícita de transpor diretamente para o papel a realidade, com a ilusão de que o sujeito se encontra diante do objeto em "estado puro".

A transposição para o papel da realidade assim observada dar-se-ia sem qualquer mediação, e a obra seria como uma fotografia fiel do "real". Tal intencionalidade, por exemplo, está presente nas diversas descrições que Flaubert faz, em *Madame Bovary*:

> A praça, desde manhã, estava cheia de carroças, com os varais para o ar, dispostas ao longo das casas, desde a igreja até a estalagem. Do outro lado, havia barracas de lona em que se vendiam tecidos, cobertores, meias de lã, cabrestos e maços de fitas azuis, cujas pontas se agitavam ao vento. Pelo chão, espalhavam-se miudezas, entre as pirâmides de ovos e queijos, de que saíam palhas gordurosas; perto dos moinhos de trigo, galinhas cacarejavam em engradados, o pescoço entre as grades. (FLAUBERT, 1979, p. 97)

e, ainda, nas obras de Aluísio Azevedo, como *O Cortiço*:

> O rumor crescia, condensando-se; o zumzum de todos os dias acentuava-se; já se não destacavam vozes dispersas, mas um só ruído compacto que enchia todo o cortiço. Começavam a fazer compras na venda; ensarilhavam-se discussões e resingas; ouviam-se gargalhadas e pragas; já se não falava, gritava-se. Sentia-se naquela fermentação

> sangüínea, naquela gula viçosa de plantas rasteiras que mergulhavam os pés vigorosos na lama preta e nutriente da vida, o prazer animal de existir, a triunfante satisfação de respirar sobre a terra. (AZEVEDO, 1972, p. 44-45)

Mas essa intencionalidade descritiva pode também conduzir-se pela radicalização da representação, em que o signo se afasta do referente, para privilegiar o "desmanche" do objeto observado, incorporando a explicitação do caráter mediador da linguagem na sua relação com o mundo. É o que pode ser percebido no trecho de João Gilberto Noll:

> Sonhei que fazia um poema onde dois cavalos relinchavam. Quando acordei lá estavam eles, ainda a relinchar (...). Dei algumas no traseiro dos animais e os encaminhei com largos movimentos dos braços para um cercado onde havia o pasto. (NOLL, 1991, p. 18)

Ou ainda, no texto de Mário Quintana, transcrito a seguir, em que a "figura", construída através da linguagem, "cria o real", pondo em xeque os limites entre signo e referente:

> POEMA DESENHADO
>
> No meio da página escrevo ao acaso a palavra MENINA
> E, à sua magia, um caminho abre-se
> para ela andar.
>
> E como houvesse brotado a seus pés um arroio espiador,
> uma ponte estendeu-se
> para ela atravessar.
>
> Mas a menina
> agora parou
> e do meio de uma ponte namora encantadamente nas águas
> a graça inacabada do seu pequenino rosto feito às pressas.
>
> Às pressas...
> (nem tive tempo de lhe dar um nome...) (...)
> (QUINTANA, 1986, p. 80-81)

O poema se constrói como uma aquarela, evidenciando seu processo de criação apoiado na imagem, não deixando nenhuma ilusão de referencialidade, de fusão ao real.

Outro caso de concretização da imagem, em que a palavra como que se faz coisa, é o poema "Jóia", de Tânia Diniz:

JÓIA

Abriu a caixinha de jóias e tirou a lua cheia.
O quarto, crescente de luz, clareou tanto que as paredes se tornaram transparentes como cristal e ela se assustou. Prendeu logo a lua no cordão de ouro do pescoço e foi namorar. Toda iluminada.
(DINIZ, 1997, p. 39)

Sônia Queiroz evidencia o jogo entre a palavra e a coisa, num poema com esse nome:

A PALAVRA E A COISA

– Cadê os grampos, Teresa?
– Em cima do toucador.
(a palavra enobrece a coisa)
(QUEIROZ, 1985, p. 81)

Outras vezes o próprio poema se faz imagem, evidenciando no significante sua potencialidade de significações. A disposição da palavra na página é parte do texto. Veja-se, por exemplo, este conhecido poema de Cassiano Ricardo:

TRANSLAÇÃO

a espera a esfera a espera
a esfera
a espera
a esfera
a espera
a esfera
a espera
a esfera
a espera
a esfera   a espera          a esfera    a espera
a espera            a esfera             a espera
a esfera             a espera            a esfera
a espera             a esfera            a espera
a esfera             a espera            a esfera
a espera             a esfera            a espera
a esfera             a espera            a esfera
a espera             a esfera            a espera
a esfera             a espera   a esfera a espera
a espera            a esfer    a espera
a esfera            a esp     a espera
a espera                       a esfera
a esfera                      a espera
a espera                       a esfera
a esfera             a esfera
a espera         a espera
a esfera

a espera
a esfera
a espera
a esfera
a espera
a esfera

Mesmo sem tomar a forma do conteúdo, como no poema "Translação", a poesia concreta joga com a exploração do significante para expressar os significados. É o caso de Drummond que, no poema "Desabar" brinca com o verbo que intitula o poema, aumentando seu potencial semântico:

DESABAR

Desabava
Fugir não adianta     desabava
por toda parte     minas     **torres**
edif
    ícios
       princípios
         l

          o

    ¡.
        s

       muletas
desabando     nem gritar
dava tempo     soterrados
novos desabamentos insistiam
sobre peitos em pó
desabadesabadesabadavam
As ruínas     formaram
outra cidade em ordem **definitiva**.

(ANDRADE, 1978, p. 54)

Observe-se como o texto realiza a proposta do título, fazendo desabar as palavras que simbolizam leis e normas, a ordem que rege a cidade. Da queda das palavras nasce uma outra ordem para o poema e para a vida.

A exploração pode ser mais sutil, como no poema "O anjo esquerdo da história", de Haroldo de Campos, no qual a palavra terra é insistentemente repetida, seja por si mesma, seja como elemento de composição de outros termos.

> Os sem-terra afinal
> estão assentados na
> pleniposse da terra:
> de sem-terra passaram a
> com-terra: ei-los
> enterrados
> desterrados de seu sopro
> de vida
> aterrados
> terrorizados
> terra que à terra
> torna
> pleniposseiros terra-
> tenentes de uma
> vala (bala) comum:
> pelo avesso afinal
> entranhados no
> lato ventre do
> latifúndio
> que de im-
> produtivo re-
> velou-se assim u-
> bérrimo (...)
> (CAMPOS, 1998, p. 67)

Por meio de um jogo de prefixos e sufixos, variações do campo semântico de terra e outros termos a ela ligados, instala-se a ironia desveladora de relações sociais injustas.

A potencialidade da palavra leva à sua própria metaforização, como se pode ver no romance LIII, do *Romanceiro da Inconfidência,* de Cecília Meireles, denominado "Das palavras aéreas":

> Ai, palavras, ai, palavras,
> Que estranha potência, a vossa!
> Perdão podíeis ter sido!
> - sois madeira que se corta,
> sois vinte degraus de escada,
> sois um pedaço de corda...
> sois povo pelas janelas,
> cortejo, bandeiras, tropa...
> (MEIRELES, 1972, p. 137)

Depois de associar a palavra ao amor, à audácia, à calúnia e a uma grande gama de sentimentos, o poema pinta a cena do enforcamento de Tiradentes, transformando a palavra em objeto. Metonímias e metáforas se encadeiam numa rede de imagens, gerando significações várias, concretizando a potencialidade da palavra.

## — Literatura e pintura —

Além de se valer dessa força figurativa da palavra, o texto literário pode se utilizar concretamente de pinturas e/ou de esculturas, com elas dialogando, como se vê no texto da escritora Iêda Dias, que constrói intertextualmente seu livro *Canção da menina descalça*.

CANÇÃO DA MENINA DESCALÇA

Menina do campo
nascida descalça
Em berço macio
de verde capim.

Menina do campo
vestida de rosa
Brinca de roda
no meu jardim.

Menina do campo
Nascida descalça.

Da terra, flor.
Do céu, querubim.

(DIAS, 1993, p. 38)

O poema pinta o quadro, o quadro pinta o poema.

    No poema que dá nome ao livro, a autora associa a imagem da menina do campo à ideia de despojamento, pureza, aconchego, ternura, o que se acentua com a pintura *Menina com as espigas,* do pintor francês Pierre Auguste Renoir (1841-1919). Nessa pintura, as cores amarela, verde e vermelha traduzem a força da natureza, em seu viço e luminosidade.

    A coleção "Arte para crianças", de Berlendis & Vertecchia Editores, explora esse recurso de aproximação entre o texto verbal e o pictórico. No livro *Era uma vez três...*, o texto de Ana Maria Machado (MACHADO, 1980) dialoga com a pintura de Alfredo Volpi, (1896-1988), pintor de origem italiana que veio para o Brasil. Contando histórias a partir dos quadros, junta-se a força de formas e cores ao jogo de palavras, sons e ritmos. Já em *O capeta Carybé*, Jorge Amado escreve uma biografia do amigo pintor, numa perfeita interlocução entre literatura e pintura. Não se trata, como à primeira vista pode parecer, de meras ilustrações. As significações que pulsam nos livros acima referidos são apreendidas na relação indissolúvel entre a escrita e a imagem, como fica evidenciado na leitura dos quadros.

Drummond, no seu livro *Farewell*, toma como tema de alguns poemas quadros famosos, apropriando-se inclusive de seus títulos. Assim fala de *O Grito*, conhecido quadro de Edward Munch:

> A natureza grita, apavorante.
> Doem os ouvidos, dói o quadro.
> (ANDRADE, 1996, p. 30)

Ou de *Café Noturno*, quadro de Van Gogh, cuja leitura é feita no poema de mesmo nome:

> Alucinação de mesas
> que se comportam como fantasmas
> reunidos
> solitários
> glaciais.
> (ANDRADE, 1996, p. 33)

De o *Almoço sobre a relva*, do pintor francês impressionista Manet, Drummond faz a seguinte leitura:

> Conversamos placidamente
> junto da nudez
> que pela primeira vez
> não nos alucina.
> (ANDRADE, 1996, p. 32)

Note-se que o escritor itabirano escreve seu poema enquanto lê o quadro: sua escrita é simultaneamente leitura. Na verdade, ele lê igualmente o que significou para a história da arte um quadro em que, talvez pela primeira vez, a nudez tenha sido retratada com naturalidade, misturada à cena comum de uma refeição sobre a relva.

Manet torna a nudez natural.

O processo inverso também ocorre, embora com menos frequência: o pintor faz seus quadros a partir de obras literárias, não com o objetivo de ilustrá-las, e sim como fruto de uma leitura intertextual explícita. É esse o caso do pintor mineiro Arlindo Daibert (1952-1993) que pinta a partir de obras de Mário de Andrade e Guimarães Rosa. A esse respeito diz Júlio Castañon Guimarães, no livro póstumo do autor:

> A série dedicada ao *Grande sertão, veredas*, sugere uma possibilidade. Em primeiro lugar a série desenvolveu-se no correr de um longo período de tempo (mesmo que não de forma

permanente); em segundo lugar expõe uma variedade de procedimentos (xilogravura, desenho com várias técnicas); em terceiro lugar está associada a um texto crítico (o texto G.S.:V., incluído no livro *Caderno de Escritos)*, que revela, junto com os desenhos, o trabalho em várias frentes do artista; por fim, vem culminar as relações do trabalho plástico de Arlindo Daibert com o texto. (GUIMARÃES In: DAIBERT, 1998, p. 13-14)

Observe-se, como exemplo, o quadro abaixo em que a obra se junta ao autor, o texto verbal ao pictórico, a imagem a símbolos que remetem à obra e seus sentidos. O retrato do autor é inserido no corpo do texto, na paisagem do sertão, com que o autor inicia o romance *Grande sertão: veredas*.

Obra e autor se fundem no texto pictórico.

A literatura lê imagens e/ou as fabrica com palavras. A pintura retrata processos de leitura. O leitor, ao ler um texto ou um quadro, cria novas imagens.

Assim, a relação entre o quadro *pintado* e o quadro *descrito* deve ser analisada não apenas a partir da equivalência que parece conter, mas, sobretudo, pelas indagações sobre os modos como as imagens (escritas e pictóricas) elaboram uma sintaxe do texto escrito e do quadro. É importante ressaltar que aproximar textos de diferentes códigos não significa trabalhar apenas com as identidades visíveis, que podem ser observadas, por exemplo, entre um texto literário e a ilustração que dele se faz, mesmo quando esta parece insistir numa paráfrase do texto a que se refere. Isso fica evidente quando comparamos a "ilustração pictórica" que nós, como leitores, efetuamos de uma passagem literária e aquela desenhada pelo ilustrador. Cada leitor, a seu modo, "pinta" com as suas emoções as cenas do texto que lê. Cada um desenha com seus traços pessoais os perfis de personagens, as descrições de cenários, ou vai cobrindo, com suas próprias criações, as ilustrações.

Umberto Eco (1994) refere-se a esse processo pessoal de "ilustração" do texto pelo leitor, quando nos relata a discordância de leitores seus quanto à descrição que ele faz de certo itinerário parisiense percorrido pela personagem de seu livro *O pêndulo de Foucault*. Os leitores apontavam para Eco as infidelidades de seu texto e as omissões de detalhes. Sem o saberem, no entanto, demonstravam a eficácia do texto que, jogando com possibilidades de dar sentido ao mundo que nos cerca, não tem a preocupação de fidelidade. É porque o texto literário não se quer reprodução exata do referente que expõe as infinitas possibilidades de transgressão do objeto representado, mesmo quando nos passa uma ilusão de referencialidade.

Por outro lado, colar o "mundo real" ao ficcional constitui uma tentativa de dar sentido ao que vamos construindo quando lemos um texto e nos apropriamos ilusoriamente do mundo que aí se encena.

## — Ilustração e leitura —

A relação entre os códigos da literatura e o da pintura insiste em que não se trata de querer colar cenas descritas a cenas pintadas, mas de tentar compreender a diferença que separa os dois sistemas (o linguístico e o pictórico). É nesse sentido que poderíamos discutir a função da ilustração que, também ela, pode ser vista como uma forma de leitura. Na Idade Média, mais especificamente na segunda metade

A idade Média em cenas narrativas nas Cantigas de Santa Maria.

do século XIII, as Cantigas de Santa Maria, de D. Afonso X, O Sábio, são compostas em galego-português, associando ao texto a partitura musical e as iluminuras. Aí o desenho apresenta cenas que acompanham o desenrolar da história. É interessante observar, então, como a imagem utiliza-se do recurso da sequência temporal, superando expressamente seu caráter espacial, sincrônico.[3]

Uma outra possibilidade de ilustração é a colagem usada por Fernando Fiúza para o texto "Perfumando o Arrudas", de Eid Ribeiro, publicado em maio de 97, ano do centenário de Belo Horizonte. Ao retomar o quadro "Lição de anatomia", de Rembrandt, pintor holandês do século XVII, o ilustrador lê simultaneamente o texto que ilustra e o mencionado quadro. Num processo de colagem, ele coloca no lugar do cadáver o corpo da cidade, realçando o caráter crítico do texto, em sua denúncia do estado lastimável da saúde pública, na cidade. Faz-se, então, um jogo entre a saúde na cidade e a saúde da cidade.

> (...) Um exemplo claro dessa política perversa entre nós é a atual situação do Hospital das Clínicas, obrigado a reduzir em 70% o número de internações, suspender as consultas e as cirurgias por falta de recursos. Enquanto isso, os esperados 4 mil participantes do Terceiro Encontro das Américas terão assistência médica digna do chamado Primeiro Mundo, pois segundo Guilherme Riccio – superintendente da Fundação Hospitalar do Estado de Minas Gerais/Fhemig – "o objetivo é fazer com que tudo funcione da melhor maneira, senão daríamos uma prova de iniqüidade".
>
> Quer dizer, não bastam os milhões de reais que estão sendo investidos para maquiar a cidade, numa subserviência ridícula, que chega ao cúmulo de plantar grama onde não bate sol, lavar grotescamente viadutos, perfumar o Rio Arrudas, fechar durante uma semana o Parque Municipal, suspender

---

[3] Na Biblioteca da PUC Minas existem dois fac-símiles da *Cantigas de Santa Maria*: um é o "códice rico" da Biblioteca de São Lourenço do Escorial, e outro, manuscrito da Biblioteca Nacional de Florença. Esse material é objeto de pesquisa de um grupo coordenado pela Profa. Dra. Angela Vaz Leão.

as aulas em 31 escolas estaduais, construir passarelas para os visitantes passarem feito divas, contratar esquadrão antibombas para operação de rastreamento, analisar as fichas de milhares de pessoas atrás de um passado comunista, entre outras paranóias relativas aos quase mil homens da segurança. Agora, temos também que agüentar uma maquiagem na área da saúde, onde estão sendo investidos 70 mil reais para reformas no HPS, visando o pronto atendimento dos negociantes das Américas. (Ribeiro, 1997, p. 12)

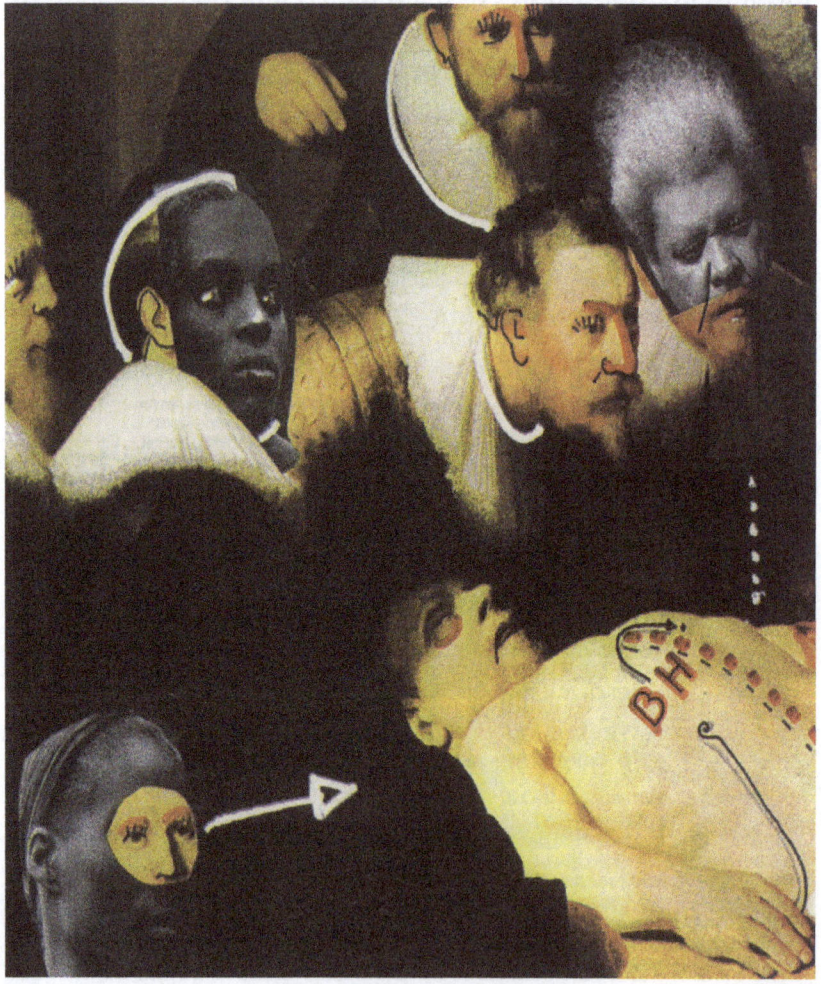

O corpo doente da cidade.

O exercício de ilustrar textos diversos evidencia, pois, como já foi dito, que se trata sempre de uma forma de leitura. Tal processo fica claro, por exemplo, no prefácio gráfico de Appe, que abre o livro *O coronel e o lobisomem*, de José Cândido de Carvalho (1973). O desenhista salienta o traço caricatural da personagem, captando o sentido irônico e crítico da figura do coronel.

Coronel ou lobisomem? Ambiguidade no texto e na imagem.

Carybé, pintor argentino, que vivia na Bahia, ilustra a bico de pena uma edição de *Macunaíma*, de Mário de Andrade, expressando a simultaneidade temporal e espacial da narrativa, a mistura de planos entre os reinos vegetal, animal e mineral, o que salienta a interatividade manifesta no texto. Na verdade, o livro é composto basicamente pelos desenhos e um breve resumo de cada parte da história.

A elaboração das capas e contracapas por desenhistas pode ser um outro exemplo da ilustração que lê o texto. Notáveis são, nesse sentido, as capas de Poty para os livros de Guimarães Rosa. Observe-se ainda que tais capas costumam ser estudadas pelos críticos como parte integrante da obra.

Muitas vezes, o próprio autor desenha antes de escrever, externando a imagem concebida em sua mente, como é o caso de Pedro Nava, memorialista mineiro, que esboça croquis de espaços que vai descrever, ou caricaturas e retratos de pessoas/personagens. Celina Fontenele Garcia (1997) realça esse processo na composição do livro *Baú de ossos*, quando afirma:

> Comprovam a importância desse fio intertextual os esboços de personagens feitos por Nava, a partir de pessoas que moravam na pensão Moss e eram personagens das histórias do tio Sales, (...) Dona Alfreda e seu marido, o Comandante Briggs, o Anjo-Louro e D. Quininha (...). (GARCIA, 1997, p. 33)

Lembre-se ainda, num outro nível, o livro *Lições de casa* (1978), organizado por Julieta Godoy Ladeira, que é fruto de uma releitura, feita por diferentes escritores, de gravuras usadas décadas atrás na escola pública brasileira. Cada escritor criou um conto a partir de uma das gravuras.

Também a ilustração do livro para crianças mostra o poder de investimento do leitor. O depoimento de um ilustrador de livro infantil será útil à nossa reflexão:

> O ilustrador não ilustra apenas o que acontece literariamente, mas sim ele representa também os fatos visuais poéticos que poderiam acontecer.
>
> Uma ilustração adequada jamais é a história do texto. A sua perenidade na memória da criança será melhor obtida quando o ilustrador materializa na imagem aquilo que é inexprimível pela palavra. (OLIVEIRA, 1998, p. 65)

Na verdade, trata-se de dois textos autônomos que se interpenetram, enriquecendo o jogo de significações da leitura. Como se vê, tanto o escritor como o leitor podem se apropriar de imagens para ler o mundo. Palavra ou traço, verbo ou cor, o signo codifica o mundo em suas linguagens. Importa articulá-las.

Um exemplo disso é o livro *Aquilo* (1985), de Ricardo Azevedo, em que a indeterminação da palavra/título é explorada no texto. Cada leitor imagina o que pode ser *aquilo*. E, no final, há um retângulo vazio a ser preenchido pelo leitor e a frase: desenhe *aquilo* aqui.

O contrário também é válido: o livro somente com gravuras exige um texto do leitor. Este é o caso do livro *Tuiã* (1968), de Demóstenes Vargas, que fala sobre o próprio processo criativo, quando o mágico passa a vara de condão para outra pessoa, que a passa para outra e assim indefinidamente. O livro apenas de imagens evidencia, pois, seu poder narrativo. Veja-se, como mais um exemplo, o premiado *Cenas de rua* (1994), de Angela Lago, em que o uso de cores e formas é suficiente para denunciar a situação social das crianças de rua no Brasil. Por prescindir da língua escrita, fator, muitas vezes, de restrição de circulação de um livro, a denúncia atinge também diversos países. Dessa forma, a situação brasileira pode ser lida em relação a outras crianças carentes, vítimas de sistemas sociais injustos.

Não se quer com isso privilegiar o livro de imagens em detrimento do livro com texto, o que seria ingênuo e absurdo. Antes se quer promover o diálogo entre as diferentes formas de produção cultural, veiculadas em diferentes códigos.

A força da palavra em seu poder de criar imagens, apenas na mente do leitor ou transformadas em traço gráfico pelo ilustrador; a associação explícita entre o traço e a letra, evidenciada no jogo literatura/artes plásticas; ou ainda a imagem a suscitar textos verbais, são diferentes facetas de um mesmo processo: a leitura "em rede" de produção e recepção.

Uma rede de leituras

## — Tradição e ruptura —

Recebedor e produtor encontram-se, assim, em contínuo diálogo. Julia Kristeva (1974), na esteira do pensamento de Bahktin, diz que todo texto é um mosaico de citações, ou seja, uma retomada de outros com os quais dialoga intertextualmente, tanto no momento da escrita, como no momento da leitura. Sobretudo a produção literária assim se apresenta porque possui um grau muito maior de abertura que constitutivamente a define como plurissignificativa.

Se essa capacidade de se expandir em diferentes leituras é própria do literário, não lhe é exclusiva, pois toda e qualquer escrita, em maior ou menor grau, se oferece à reconstituição criativa de seus leitores. O leitor seria a instância onde as múltiplas escrituras, que formam o texto, se reúnem.

Escritor e leitor são, pois, instâncias socialmente formadas, com um lugar historicamente determinado, o que confere especificidade às suas atividades de produzir e descodificar significações. Por isso, não há texto ou leitura "inocentes", mas estruturados a partir de valores socialmente situados. Além disso, autor/texto/leitor são entidades indissociáveis, isto é, não existe uma sem as outras — na verdade são intercambiáveis. Um escrito sem leitores literalmente não existe, já que, como foi dito, suas significações se ativam no momento da leitura.

Por sua vez, os textos ocupam um lugar na tradição, seja ou não literária, com a qual estabelecem relações quando se escreve ou se lê.

Jorge Luis Borges, autor argentino, nos fala da tradição literária. Seu ensaio já considerado clássico — *Kafka e seus precursores* — apresenta um elenco de vários escritores, de épocas as mais variadas: Zenon de Eleia, filósofo que negava o movimento; um escritor chinês do século IX; Browning, escritor do século XIX e outros. Diz que não há nada em comum entre eles, exceto a "idiossincrasia" kafkiana, ou seja, todos eles têm algo em comum com aquilo que era próprio do escritor tcheco (BORGES, 1974). Com essa afirmação, Borges põe à luz como a leitura de um autor pode propiciar a releitura de seus precursores, invertendo a relação que esperamos manter com a tradição, com os autores do passado. Se habitualmente consideramos que são eles que explicariam, como precursores, o texto do presente, Borges inverte a relação: é Kafka que os explica, regressivamente iluminando aquilo que caracteriza cada um deles. O autor argentino nos evidencia como a leitura do passado com os olhos do presente pode, inclusive, modificar essencialmente o passado. É interessante observar como Borges delimita para Kafka uma espécie de "tradição desejada", ou seja, escolhe dentro da tradição seus autores prediletos. Ele próprio, inclusive, elege Kafka como precursor de sua escrita. Observe-se que, muitos escritores que exercem também a atividade de crítico, como é o caso de Borges, escolhem dentro da tradição justamente aqueles que justifiquem sua atividade de escritores. Entre nós, o caso de Haroldo de Campos é emblemático. Os escritores e poetas que ele recupera, revitaliza ou redescobre na série literária brasileira — Gregório de Matos, Sousândrade, Oswald de Andrade, João Cabral de Melo Neto — são justamente aqueles que tecem um fio de radicalismo das conquistas formais de que a poética de Haroldo é testemunha.

Assim, os escritores escrevem seus textos como e porque são leitores de seu presente e da tradição literária a que pertencem. Registre-se também, no caso de Haroldo de Campos, suas teorizações sobre "transcriação" que colocam o trabalho do tradutor como uma "recriação" dos textos. Os escritores que ele escolhe para "transcriar" também falam da tradição literária em que ele mesmo se quer ver inserido.

Como outro exemplo na literatura brasileira, veja-se este poema de Oswald de Andrade:

> ERRO DE PORTUGUÊS
>
> Quando o português chegou
> Debaixo duma bruta chuva
> Vestiu o índio
> Que pena!
> Fosse uma manhã de sol
> O índio tinha despido
> O português
> (ANDRADE, 1971, p. 177).

O poema é ele mesmo uma leitura irônica e crítica da relação colonizador/colonizado, desconstruindo, além disso, as leituras e escritas anteriores que falavam do descobrimento e do processo de colonização brasileira, desde a carta de Caminha. Os relatos de viagem, ainda que cronologicamente tenham precedido este poema de Oswald, nunca mais serão os mesmos depois da leitura que deles faz o autor modernista. Não podemos nos esquecer de que essa postura desconstrutora e paródica do escritor paulista se assemelha à de outros modernistas que expressam o desejo de ruptura com a tradição literária. Desse modo, o diálogo se estabelece com a tradição, com o momento literário vivenciado pelo autor e vai criando novos parâmetros.

A leitura da tradição não se restringe a fronteiras de literaturas nacionais, podendo se dar na relação entre literaturas várias. O conhecido poema de Manuel Bandeira *Vou-me embora pra Pasárgada* é relido por poetas cabo-verdianos que se inscrevem, com a leitura, numa tradição "alheia", ou melhor, "de todos" os países de língua portuguesa.

A imagem de Pasárgada, criada pelo poeta brasileiro, aponta para a possibilidade de um lugar, idealizado e sem contradições, onde o eu lírico encontraria a felicidade e liberdade que não são possíveis no lugar onde está.

> Vou-me embora embora pra Pasárgada
> Lá sou amigo do rei
> Lá tenho a mulher que eu quero
> Na cama que escolherei
> Vou-me embora pra Pasárgada
>
> Vou-me embora pra Pasárgada
> Aqui eu não sou feliz
> (BANDEIRA, 1990, p. 222)

O escritor cabo-verdiano, Oswaldo Alcântara, em *Itinerário de Pasárgada*, título também tomado a Manuel Bandeira, referenda a ideia de um lugar idealizado alcançável através do poético:

> Saudade fina de Pasárgada...
> Em Pasárgada eu saberia
> onde é que Deus tinha depositado
> o meu destino...
> (ALCÂNTARA. In: ANDRADE, 1975, p. 32)

Já o também cabo-verdiano Ovídio Martins poeticamente "rejeita" a tradição idealizante do poema de Bandeira, "deslendo-a" através de uma apropriação política:

> Não vou para Pasárgada
>
> Atirar-me-ei ao chão
> e prenderei nas mãos convulsas
> ervas e pedras de sangue
>
> Não vou para Pasárgada
>
> Gritarei
> Berrarei
> Matarei
>
> Não vou para Pasárgada
> (MARTINS. In: ANDRADE, 1975, p. 48)

Vários estudiosos das literaturas africanas afirmam a presença da literatura brasileira em textos de autores africanos de língua portuguesa. O movimento literário Claridade, em Cabo

Verde, ressalta essa presença em diversos textos da literatura do país, identificando-a em traços deixados pela leitura de escritores modernistas brasileiros, de Manuel Bandeira aos nordestinos José Lins do Rego, Graciliano Ramos e Jorge Amado. A revista *Mensagem*, surgida nos anos 50, em Angola, ressalta a descoberta da literatura brasileira como uma forma de afirmação da identidade literária do país. O fato de a ditadura de Salazar em Portugal haver censurado obras de escritores brasileiros, como Jorge Amado e Graciliano Ramos, aguçava o interesse pela literatura que aqui se escrevia. O poema "Exortação", do angolano Maurício Gomes, transforma palavras de ordem do modernismo brasileiro em motivação para o projeto que se mostrava através da conclamação "É preciso criar a poesia de Angola":

> Ribeiro Couto e Manuel Bandeira
> poetas do Brasil
> do Brasil, nosso irmão,
> disseram:
> "– É preciso criar a poesia brasileira,
> de versos quentes, fortes, como o Brasil,
> sem macaquear a literatura lusíada."
> (GOMES. In: ANDRADE, 1975, p. 61)

Nesse poema de Maurício Gomes, a proposta de Bandeira já aparece transformada pelos que intentavam alcançar uma literatura que, tomando como modelo a revolução modernista brasileira, pudesse fincar suas raízes no solo africano. Essa intenção faz-se evidente nos últimos versos:

> Uma poesia nossa, nossa, nossa, nossa!
> - cântico, reza, salmo, sinfonia,
> que uma vez cantada,
> rezada,
> escutada,
> faça toda a gente sentir
> faça toda a gente dizer:
>     - É poesia de Angola!
> (GOMES. In: ANDRADE, 1975, p. 61)

Nos dias atuais, escritores como Luandino Vieira, de Angola, e Mia Couto, de Moçambique, confessam-se leitores de Guimarães Rosa e declaram-se influenciados pelas "transgressões de linguagem" operadas pelo escritor mineiro.

Daí se poder dizer que todo escritor — por mais original que seja, de forma consciente ou não, mesmo à revelia — quando escreve, se inscreve numa tradição, com a qual dialoga, mesmo que seja para desconstruí-la ou negá-la. Quando lemos os manuscritos de *Memórias do Cárcere*, de Graciliano Ramos (1987), vemos que todo aquele estilo enxuto e contido que tanto o diferenciou do romance regionalista de um Jorge Amado ou de um José Lins do Rego se fez à custa de muitas "correções", de muitos cortes de adjetivos. Entre outras coisas, isto é um índice do diálogo até tenso que o velho Graça estabelecia com o cânone, com o parâmetro literário melhor acatado do período em que escrevia.

Por sua vez, o escritor contemporâneo Silviano Santiago, ao apropriar-se do estilo de Graciliano Ramos em seu livro *Em liberdade* (1981), leva essa apropriação ao extremo, e se transforma, pela escrita, no próprio autor de *Memórias do cárcere*. A ideia de que o texto é constituído por inúmeros "ecos", leituras de muitos outros, se expressa como contradição, como uma dura conquista de "briga" com a tradição.

Muitas vezes, o poeta "inventa" tradições, fazendo nelas pulsar, metalinguisticamente, suas concepções de poesia. É o caso de Leminski quando fala, tensa e intertextualmente, de sua opção poética, colocando-se no interstício da tradição ocidental e oriental:

> um salto de sapo
> jamais abolirá
> o velho poço
> (LEMINSKI, 1991, p. 108)

Veja-se que o texto se filia — até na disposição visual — ao haicai, composição poética tipicamente oriental. Por um outro lado, através do humor, lê o poema "Um lance de dados", de Mallarmé ("um lance de dados não abolirá jamais o acaso"), ligando-o à tradição concretista brasileira que, como se sabe, valorizou sobremaneira a visualidade da poesia e cujo mestre manifesto foi o poeta francês.

Em outro poema, o precursor desejado se dá por contraponto, numa leitura carregada de humor e ironia:

> um dia desses quero ser
> um grande poeta inglês
> do século passado
> dizer
> ó céu ó mar ó clã ó destino
> lutar na índia em 1866
> e sumir num naufrágio clandestino
> (LEMINSKI, 1985, p. 11)

Outro exemplo, desta vez confessado, de escrita como leitura nos é dado por Manuel Bandeira que diz sobre a publicação de um de seus poemas em jornal:

> Na semana seguinte voltei "traduzindo" estes versos do autor da Moreninha:
>
> Mulher, irmã, escuta-me: não ames.
> Quando a teus pés um homem terno e curvo
> Jurar amor, chorar pranto de sangue,
> Não creias, não, mulher: ele te engana!
> As lágrimas são galas da mentira
> E o juramento manto da perfídia.

Bem, dessa vez eu queria mesmo brincar falando cafajeste, e a coisa foi apresentada como 'tradução pracaçanje":

> Teresa, se algum sujeito bancar o sentimental em cima de você
> E te jurar uma paixão do tamanho de um bonde
> Se ele chorar

> Se ele se ajoelhar
> Se ele se rasgar todo
> Não acredita não Teresa
> É lágrima de cinema
> É tapeação
> Mentira
> Cai fora.
>
> (BANDEIRA, 1990, p. 78)

Como Manuel Bandeira, muitos outros escritores "confessam-se" leitores de heranças literárias. Murilo Mendes, por exemplo, nos seus Retratos-relâmpago ou Elias Canetti falando de suas leituras:

> Mas aquelas personagens formam comigo uma unidade compacta e indissolúvel. Desde aquela época, portanto desde os meus dez anos, é para mim uma espécie de dogma o fato de que eu consisto de muitas pessoas, das quais de forma alguma estou consciente. Creio que são elas que determinam o que me atrai ou me repugna nas pessoas que encontro. Foram o pão e o sal de meus primeiros anos. São eles a verdadeira e secreta vida de meu intelecto. (CANETTI, 1987, p. 105).

A leitura é feita, então, de outras leituras , sejam elas de manutenção da tradição, sejam expressão de rupturas e transgressões.

## — Pinturas em diálogo —

Da mesma forma, nas artes plásticas, o embate com a tradição traça o duplo movimento de construção/desconstrução, exigindo do leitor/espectador, pelo menos em princípio, que reconheça as pinturas ali retomadas. O pintor espanhol Pablo Picasso (1881-1973), por exemplo, relê em mais de quarenta quadros, *As meninas,* célebre pintura de Velázquez (1595-1660), seu compatriota.

Jogo de olhares, jogo de espelhos: as meninas, os reis e o pintor.

Numa dessas reproduções, datada de 27 de setembro de 1957, Picasso dá um destaque maior às amas que cuidam da infanta retratada, no quadro de Velázquez. As demais personagens do quadro original são apenas sinalizadas graficamente, embora seja mantido o jogo de reflexos, as projeções e vários pontos de luz do original.

As meninas de Velázquez num quadro de Picasso.

Em outro quadro, de 10 de outubro de 1957, Picasso insiste na focalização da infanta e em uma de suas amas. Nessa obra, em que os traços cubistas se sobressaem, as mãos imensas da ama procuram traduzir os mesmos sentimentos que, no quadro de Velázquez, estão indicados pelo olhar terno com que essa cuida da infanta.

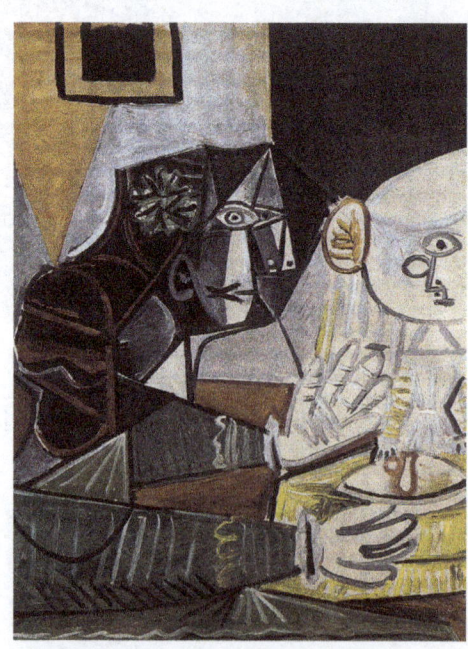

As meninas mudam de cena.

Em uma das outras reproduções, ressalta-se a composição em *mise-en-abyme* do quadro original. Isto é, Picasso retoma a ideia do quadro dentro do quadro, como se se instalasse um jogo de espelhos. Ele exagera aquilo que Velázquez tinha feito, expressando na composição pictórica o próprio processo de intertextualidade.

Quadros em abismo, imagens no espelho.

O pintor T. F. Chen, por sua vez, leva sua apropriação às raias do *kitsch*, quando descontextualiza completamente o quadro de Velázquez, situando-o no espaço já apropriado pela cultura de massas. Deslocando para outro espaço a referência da pintura canonizada, trava um diálogo tenso com a tradição, simultaneamente eleita e rejeitada.

As meninas de Velázquez passeiam na Disney.

    Se Picasso e outros pintores leem insistentemente a pintura de Velázquez, outros leitores também o fazem quando escrevem sobre esse quadro. É esse o caso do filósofo Michel Foucault que realça o jogo metalinguístico, em que o pintor, dentro do quadro, olha o espectador. Foucault discute a relação entre palavra e imagem, acentuando a multiplicidade de leituras promovida pela encenação de olhares, dentro e fora dos enunciados.

> Mas a relação da linguagem com a pintura é uma relação infinita. Não que a palavra seja imperfeita, nem que, em face do visível, ela acuse um déficit que se esforçaria em vão por superar. Trata-se de duas coisas irredutíveis uma à outra: por mais que se tente dizer o que se vê, o que se vê jamais reside no que se diz. (Foucault, s/d, p. 25)

A reprodução pode chegar a um ponto tal que, em forma de pastiche, imita até explodir o próprio modelo e, com ele, o referente. O pintor Chen, de Hong Kong, apropria-se de vários quadros do Pintor Van Gogh. O quadro "O quarto" é irreverentemente misturado com os ícones da pintura pop de Andy Warhol, pintor americano (1928-1987) retomado nas reproduções de Marilyn Monroe e da lata de sopa Campbell's. O pintor pop aparece retratado na parede do quarto, dividindo o espaço com o líder da revolução chinesa Mao-Tsé-Tung e Mona Lisa, de Leonardo da Vinci, imagens das quais o próprio Warhol tinha se apropriado. Colocado em abismo, o leitor do quadro de Chen, nós mesmos, não sabemos mais com certeza a autoria de produção alguma. Tudo é leitura.

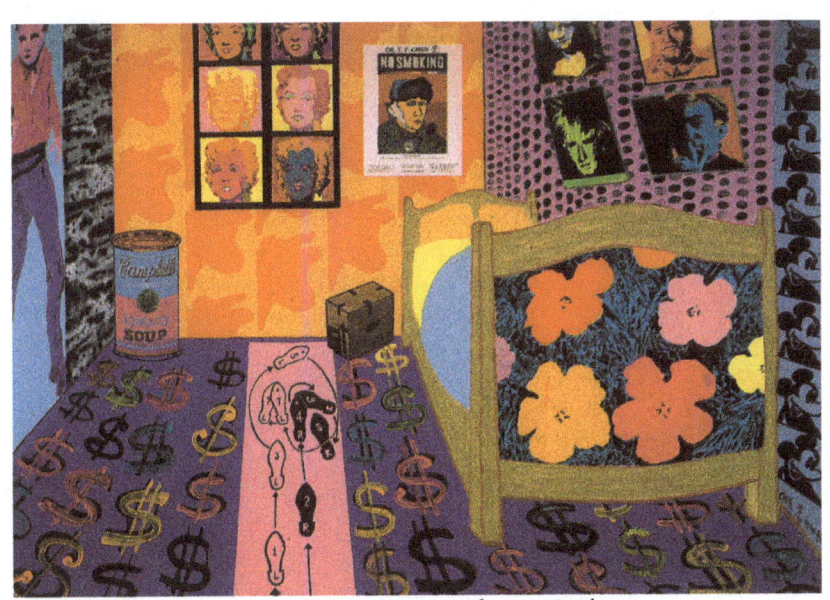

Uma reforma no quarto de Van Gogh.

Lendo imagens

Ler a imagem, construindo um texto verbal? Ou ler um texto verbal, construindo imagens? Eis um desafio que se corporifica neste mundo, marcado pela proliferação das imagens, que continuamente nos bombardeiam: *out-doors*, noticiários, propagandas, multimídia. Da fotografia que se pretende fiel ao fato que busca documentar, à realidade virtual criada pelos computadores, tudo se faz imagem.

Há uma anedota reveladora da hipertrofia que adquiriu a imagem no mundo contemporâneo. A jovem mãe, diante das amigas que vêm visitar-lhe a filha recém-nascida e que lhe elogiam a beleza, responde, orgulhosa: — Vocês acham a criança bonita porque não viram ainda o vídeo! Como se vê, a imagem sobrepuja o real, ou melhor, é mais real que o próprio real. Félix Guattari (1993) constata, porém, que a diversidade de imagens não significa por si só riqueza de sentidos, já que, num mundo globalizado, as imagens, embora sendo muitas, podem tornar-se iguais, repetitivas, previsíveis. A repetição homogeneizadora pode levar ao seu esvaziamento e consequente amortecimento da consciência crítica do receptor.

Em razão disso, os educadores se perguntam se a supremacia da imagem, por seu caráter facilitador, prejudica a leitura do texto verbal. Importa refletir mais detidamente sobre essa questão uma vez que a escrita é um parâmetro norteador de nossa cultura.

Como se viu, os bens simbólicos produzidos pelo homem em sociedade codificam-se de diversas formas que mantêm uma relação estreita entre si e se expressam no que se convencionou chamar semiose cultural, rede ampla de significações. Imagens, sons, gestos, cores, expressões corporais tornam-se signos abertos à decodificação. Nesse sentido, reitere-se, a recepção desses bens simbólicos pode ser vista como leitura, na medida em que todo recorte na rede de significações é considerado um texto. Pode-se, pois, ler o traçado de uma cidade, a moda, o corpo humano em suas várias posturas, um filme, um livro. Colocar imagem e escrita em campos opostos e excludentes é, no mínimo, ingenuidade, já que, mesmo à nossa revelia, tais códigos se encontram em constante interação.

Dominando o maior número possível de códigos, o cidadão pode interferir ativamente na rede de significação cultural tanto como receptor, quanto como produtor. Na escola ou na sociedade, o processamento de relações que se dá no nível da produção também pode ocorrer no nível da recepção.

A escola pode ser, pois, um espaço privilegiado para a recepção crítica dos diferentes códigos e, sobretudo, deve proporcionar, de forma democrática, acesso mais amplo a eles. Estabelecer relações, inclusive interdisciplinares, é fator fundamental de inserção político-social.

## — De terra —

A relação entre o curta-metragem *Ilha das Flores,* filme de Jorge Furtado, fotografias do livro *Terra*, de Sebastião Salgado, uma música de Chico Buarque e poemas de Manuel Bandeira e Drummond, aqui proposta por nós, pode exemplificar o processo de articulação intersemiótica feito pela leitura. Nós, leitoras, estabelecemos, num universo amplo de produções, algumas conexões temáticas que não esgotam a possibilidade desses textos e de sua ligação com outros.

O filme *Ilha das Flores* por si só já propõe relações várias entre imagem e palavra, integrando discursos diversos: histórico, técnico-científico, bíblico, mítico, literário, sociológico. A partir de uma classificação do que seria o ser humano — animal com o telencéfalo altamente desenvolvido e polegar opositor — constrói-se uma denúncia das aviltantes condições de vida de parcelas da população, cujas necessidades básicas são colocadas abaixo daquelas dos porcos. A enfática repetição de características que definiriam o homem, ao lado de episódios e percalços de sua história no mundo — a criação, as invenções, a construção do patrimônio cultural, o domínio da natureza, as relações de trabalho e produção, mas também o nazismo, a bomba atômica, a exploração do homem pelo homem — desconstroem ironicamente a própria definição de homem. O discurso técnico-científico, caricaturado, vai, pouco a pouco, transformando-se em discurso artístico, ao caminhar de uma função estritamente informativa para a função estético-reflexiva. Por meio dos deslocamentos operados na produção do homem na História, seja no plano das imagens, seja no das palavras, estabelecem-se críticas a regimes sociopolíticos que sobrepõem os interesses econômicos aos humanos.

O acompanhamento da trajetória de um tomate, desde a plantação até seu destino final num depósito de lixo, ironicamente situado na chamada Ilha das Flores, evidencia a superioridade do animal sobre o homem, já que este só tem acesso àquilo que é considerado inadequado para a alimentação dos porcos. O filme termina com a imagem de um caminhão, com imensa pá, revolvendo e recolhendo automaticamente o lixo. Depois, em câmera lenta, aparece a figura de um homem colocando nos ombros o saco de lixo recolhido. O narrador finaliza recuperando a definição de homem mencionada reiteradas vezes no decorrer de todo o filme, acrescentando a ela a ideia de liberdade:

> O ser humano se diferencia dos outros animais pelo telencéfalo altamente desenvolvido, polegar opositor e por ser livre. Livre é o estado daquele que tem liberdade.

Finalmente, um filme tão rico em imagens, cuja força tantas vezes até dispensou a palavra, fecha-se com uma definição, agora tirada ao discurso poético de Cecília Meireles (1972):

> Liberdade é uma palavra que o sonho humano *alimenta*, que não há ninguém que explique e ninguém que não entenda.

É significativa a presença do verbo alimentar na constituição da imagem. O alimento do sonho liga-se ao alimento do corpo, ambos fundamentais à condição humana.

No livro *Terra* (1997), Sebastião Salgado expõe fotografias de pessoas em sua difícil relação com a terra. Dedicado aos brasileiros despossuídos, o livro denuncia a luta pela sobrevivência daqueles que não têm "um pedaço de terra para produzir e viver com dignidade". Numa das fotos, pertencente ao conjunto denominado "A força da vida", adultos e crianças disputam o lixo com urubus:

> Para sobreviver, esta gente se entrega às mais variadas atividades ou expedientes, às vezes inimagináveis, que se desdobram indefinidamente.
>
> No grande depósito de lixo de Fortaleza, foi criada toda uma estratificação social. Existe o grupo que trabalha apenas na busca de objetos metálicos a serem vendidos às pequenas indústrias locais, que os reciclam nas fundições; outros grupos se ocupam de, respectivamente, materiais de plástico, restos de madeiras, papéis usados, etc., tendo cada um seu próprio circuito de comercialização. Na base dessa subescala social, encontram-se as pessoas que, recém-expulsas do ventre do sertão pelo latifúndio e ou pela seca, disputam com os urubus os restos de alimentos. Ceará, 1983. (SALGADO, 1997, p. 140)

Este texto se encontra na parte final do livro — "Legendas" — com o objetivo de contextualizar a foto.

Homens e bichos no lixão.

A imagem fotográfica a que ele se refere é por si só significativa, podendo até prescindir do texto, embora o diálogo entre ambos se reforce em um outro tipo de imagem, a verbal: "recém expulsos do ventre do sertão pelo latifúndio ou pela seca". A expressão "ventre do sertão" aponta para a ideia de útero protetor, de origem da vida e da forte interação homem-terra. A expulsão, símbolo de um parto, denuncia a violência das relações sociais que privilegiam a posse. Paradoxalmente, o retorno do homem à terra faz-se através do lixo, aquilo que é rejeitado por outros. E mesmo aí, reduplicam-se as hierarquias de posse. A atmosfera da foto é difusa, não se veem os rostos das pessoas, curvadas e diminuídas sob o peso dos latões que trazem aos ombros. Em perspectiva, os urubus são maiores que os homens.

Interessante relacionar essa fotografia com outra veiculada pelo jornal *Hoje em dia*, na reportagem "Vida brota das sobras encontradas em lixões", escrita por estudantes de Comunicação Social da PUC Minas.

Que mundo o nosso! Homens disputando os restos.

Além da fotografia, documental, observe-se a semelhança da situação descrita nos textos.

> Homens disputando restos de alimentos com porcos, urubus, ratos, moscas e até cavalos. Essa cena parece ser de um filme de ficção sobre como seria a vida na terra depois de um acidente nuclear. Mas, é a realidade de dezenas de famílias pobres da região metropolitana de Belo Horizonte, que sobrevivem de restos, transformando lixões em supermercados. (*Hoje em dia*, 07/11/96, p. 3)

O enfoque jornalístico não difere do artístico na medida em que opera uma denúncia, focalizando cenas já impressas no quotidiano das grandes cidades. O texto impactual obriga o leitor a prestar atenção naquilo que, muitas vezes, não quer ver.

Urubus, na foto de Sebastião Salgado, porcos, no filme de Jorge Furtado, ou moscas e ratos, na reportagem, sobrepõem-se ao "bicho homem". E é deste bicho que fala Manuel Bandeira no poema denominado "O Bicho":

> O BICHO
>
> Vi ontem um bicho
> Na imundície do pátio
> Catando comida entre os detritos.
>
> Quando achava alguma coisa,
> Não examinava nem cheirava:
> Engolia com voracidade.
>
> O bicho não era um cão,
> Não era um gato,
> Não era um rato.
>
> O bicho, meu Deus, era um homem.
> (BANDEIRA, 1974, p. 196 )

Mais uma vez, pelo consumo de detritos, o homem se iguala ao bicho. O paralelismo dos versos "não era um cão, não era um gato, não era um rato" expressa a perplexidade do poeta diante da situação desumana imposta pela fome, traduzida ainda no uso reiterado do advérbio de negação. De forma semelhante ao que se deu em *A Ilha das Flores*, a definição de homem se dá pela contradição. A metáfora — o bicho — indiciada desde o título, desdobra-se em frases descritivas que só alcançam seu efeito de denúncia no último verso: "O bicho, meu Deus, era um homem". Observe-se que o poema, pequeno e de versos curtos, constrói-se como um quadro, atingindo o leitor pela força de suas imagens. As palavras, como se viu, também se condensam em imagens, enredando o leitor.

Como um quadro em movimento é que também se constrói um poema de Drummond sobre a mesma temática:

FIM DE FEIRA

No hipersupermercado aberto de detritos,
ao barulhar de caixotes em pressa de suor,
mulheres magras e crianças rápidas
catam a maior laranja podre, a mais bela
batata refugada, juntam no passeio
seu estoque de riquezas, entre risos e gritos.
(ANDRADE, 1978, p. 113)

A crítica à sociedade de consumo se faz desde o nível do significante, como na repetição dos prefixos — hiper e super — na formação da palavra que caracteriza o depósito de lixo onde pessoas buscam alimentos, catando o que foi refugado. O uso de advérbios de intensidade, ao lado de adjetivos que indicariam a qualidade dos alimentos, esvazia-se, ironicamente, na adição de outros adjetivos como podre e refugada. A alegria e o movimento das pessoas acentuam a ironia da ideia de acúmulo antevista na expressão "estoque de riquezas", numa alusão desconstrutora da ganância consumista. Como no filme já citado e na fotografia de Sebastião Salgado, até o lixo se disputa, até nele se seleciona e escolhe. A imagem visual, cena de palavras, opera a denúncia social.

É também pela força da imagem que uma propaganda da Legião da Boa Vontade busca atrair o leitor, persuadindo-o a contribuir com uma campanha de auxílio ao menor abandonado. Aí, à imagem visual de uma criança, deitada na calçada em situação de desamparo, une-se a imagem verbal que aproxima gente e bicho.

## Gente também é bicho. Preserve a criança brasileira.

Campanha vencedora do Leão de Ouro no Festival de Publicidade de Cannes/França — 1993

Foto: Juca Martins/Pulsar

A LBV espera que os filhotes de baleia e de mico-leão-dourado não sejam os únicos com os quais você se preocupe. O menor abandonado também precisa da sua ajuda. Ligue para (031) 444-0400 e colabore com qualquer quantia. A natureza humana também precisa ser preservada.

LEGIÃO DA
BOA VONTADE
Núcleo da LBV em Belo Horizonte/MG
Rua Souza Bastos, 186 — Floresta
CEP 31015-410 — Tel.: (031) 444-0400

De forma agressiva, inverte-se a proposta dos outros textos já que se invoca para o homem um tratamento semelhante ao dispensado ao animal. O discurso ecológico de proteção e preservação de animais em extinção é deslocado, ironicamente, para o apelo de salvação da criança: "Gente também é bicho. Preserve a criança brasileira". Originalmente na cor verde, relacionada à ecologia, a propaganda destaca, pelo tamanho das letras, as palavras: gente, bicho, criança. A força deste recurso tipográfico intensifica a denúncia de animalização do ser humano, ou, mais do que isso, da humanização/ enobrecimento de alguns animais em detrimento do homem.

Num outro tom, a fome é tema da letra da música "Brejo da Cruz", de Chico Buarque, que integra o livro *Terra*, anteriormente citado. De forma curiosa, o lixo é substituído, metaforicamente, pela luz, imagem liricamente construída da ausência de alimento, sugerindo carência absoluta de um povo.

> BREJO DA CRUZ
>
> A novidade
> Que tem no brejo da cruz
> É a criançada
> Se alimentar de luz
>
> Alucinados
> Meninos ficando azuis
> E desencarnando
> Lá no brejo da cruz
>
> Eletrizados
> Cruzam os céus do Brasil
> Na rodoviária
> Assumem formas mil
> Uns vendem fumo
> Tem uns que viram Jesus
> Muito sanfoneiro
> Cego tocando blues
>
> Uns têm saudade
> E dançam maracatus
> Uns atiram pedra
> Outros passeiam nus

> Mas há milhões desses seres
> Que se disfarçam tão bem
> Que ninguém pergunta
> De onde essa gente vem
> São jardineiros
> Guardas noturnos, casais
> São passageiros
> Bombeiros e babás
> Já nem se lembram
> Que existe um Brejo da Cruz
> Que eram crianças
> E que comiam luz
> São faxineiros
> Balançam nas construções
> São bilheteiras
> Baleiros e garçons
> Já nem se lembram
> Que existe um Brejo da Cruz
> Que eram crianças
> E que comiam luz
> (HOLANDA, In: SALGADO, 1997, p. 97-98)

No tratamento dado à questão, o compositor, mesmo falando da degradação do ser humano, não lhe retira sua condição superior, na medida em que o dignifica pelo sofrimento e pela morte. Isto não anula o tom de denúncia do texto, antes o intensifica: "É a criançada/Se alimentar de luz/Alucinados/Meninos ficando azuis/E desencarnando/Lá no Brejo da Cruz". Crianças, quase anjos, metamorfoseiam-se em Jesus, metonímia, juntamente com o nome do lugar, Brejo da Cruz, do sofrimento e do sacrifício. A metamorfose continua na representação de outros marginalizados e oprimidos: babás, baleiros, bombeiros, bilheteiros e garçons, massa de subempregados vindos das rodoviárias das grandes cidades do país. Contrapõem-se no texto, pelo menos, dois espaços: o Nordeste e o Sul, mesclados nos deslocamentos dos migrantes. Tal mescla se reforça na fusão das duas culturas, como se pode observar na referência ao maracatu e na figura do "sanfoneiro cego tocando blues". Presença comum nas feiras nordestinas, o sanfoneiro cego urbaniza-se, adotando a música norte-americana. No plano da música propriamente dita, essa imagem é reiterada com uso de instrumentos nordestinos, como o triângulo, ao lado dos convencionalmente usados pela música popular produzida no sul. Na descrição das figuras, adaptadas ao novo sistema de vida ou enlouquecidas, percebe-se a voz do autor implícito que questiona os conceitos do senso comum sobre essa gente: *Mas há milhões desses seres/Que se disfarçam tão bem/Que ninguém pergunta/De onde essa gente vem.* Dessa forma, evidencia-se a indiferença por essa gente e sua vida de risco— *balançam nas construções—* ou quase morte, na cidade grande que reproduz seu lugar de origem: a cruz continua sendo a marca de sua vida.

Como se viu, a linguagem literária constrói imagens e é construída por elas num jogo de deslocamentos e condensações. A força de tais imagens, embora de natureza diferente da imagem visual, continua atingindo o leitor, mesmo num tempo em que o visual ganha dimensões hipertrofiadas.

Seja na fotografia de Sebastião Salgado, numa propaganda, num poema de Drummond, numa montagem fílmica ou numa letra de música, a imagem é mais do que uma representação de um referente, do que habitualmente costumamos chamar de real. Antes, ela é parte integrante da produção simbólica e como tal também constrói o real. Sem querer isentar a arte de um caráter ideológico e da possibilidade de manipulação política, reiteramos que, nos textos analisados, o papel da imagem foi deslocar significados instituídos.

## — De casa —

Num tom mais jornalístico, por isso mesmo mais ligado aos fatos do quotidiano, Drummond constrói um crônica intitulada "Debaixo da ponte", em que, utilizando-se da linguagem da própria sociedade de consumo, descreve a vida de uma família de moradores de rua.

> Moravam debaixo da ponte. Oficialmente, não é lugar onde se more, porém eles moravam. Ninguém lhes cobrava aluguel, imposto predial, taxa de condomínio: a ponte é de todos, na parte de cima; de ninguém na parte de baixo. Não pagavam conta de luz e gás, porque luz e gás não consumiam. (ANDRADE, 1979, p. 896)

Observe-se que, pouco a pouco, se constrói uma imagem de casa oposta ao que se concebe como tal, evidenciando, como nos poemas antes analisados, a condição indigente do ser humano, habitante das grandes cidades.

> Há bancos confortáveis nos jardins, muito disputados; a calçada, um pouco menos propícia; a vaidade na pedra; o mato. Até o ar é uma casa, se soubermos habitá-lo, principalmente o ar da rua. O que morava não se sabe onde vinha visitar os de debaixo da ponte e trazer-lhes uma grande posta de carne. (ANDRADE, 1979, p. 896)

A frase final da crônica "Há duas vagas debaixo da ponte" revela o resultado do banquete pouco comum, remetendo à ideia de mercado de aluguel, onde o lugar de se morar é objeto de comércio. A casa no texto é uma não casa, é o espaço habitado da rua.

Imagens dos sem-terra ou sem-casa, habitantes da rua, sujeitos às intempéries físicas e sociais se delinearam nos diversos textos, verbais ou pictóricos, literários ou jornalísticos, evidenciando que não é o caráter visual ou literário da imagem o fator determinante de sua função.

Vale a pena, pois, rastrear outras imagens relacionadas a essa temática, mesmo que por seu avesso. Da desproteção do homem, da evidenciação de sua carência extrema, pode-se passar a outras imagens de representação da terra, do espaço urbano, da casa.

O próprio Drummond, em mais de um poema, evoca a casa paterna na tentativa de explicar a si mesmo sua origem, sua identidade.

## O PESO DE UMA CASA

La maison de mon père était vaste et commode.
Merecia de mim um soneto ou uma ode.
Eu não soube entendê-la e não soube trová-la.
Só resta exígua estampa, o frescor de uma sala.
Aquela egrégia escada, aquela austera mesa
sumiram para sempre em lance de incerteza.
Caem móveis em pó, e ondulantes cortinas
deixaram de esvoaçar no silêncio de Minas.
Ouço o tlimtlim de um copo, o espocar de uma rolha,
sonidos hoje iguais ao virar de uma folha.
Cada tábua estalando em insônia sussurra
a longa tradição da família casmurra.
E os passos dos antigos, a grita das crianças
migram do longe longe em parábolas mansas.
Perco-me a visitar a clausura dos quartos
e neles entrevejo o escorrer dos lagartos,
formas acidentais de uma angústia infantil
a estruturar-se logo em castelo febril.
Sou eu só a portar o peso dessa casa
que afinal não é mais do que sepultura rasa.
(ANDRADE, 1996, p. 76)

Desde o título se evidencia a relação tensa que se estabelece entre o eu lírico e sua casa/família. A palavra "peso" se desdobra nos adjetivos como "austera", "casmurra", "febril"; nas descrição do passado em sua difícil relação com "a longa tradição da família casmurra". A casa da infância se faz sepultura, conotando o jogo entre vida e morte, busca de origem e impossibilidade de encontrá-la. Registre-se o adjetivo — "casmurra" — usado para qualificar a família. Além da alusão à pesada tradição familiar, veja-se a ligação intertextual com *Dom Casmurro*, de Machado de Assis, em que o narrador, Bentinho, também engendrou o projeto falido de reconstruir a casa de infância na vida adulta. Na verdade, a impossibilidade de reconstruir a casa pode ser lida como a impossibilidade de reconstrução do eu narrador na escritura de memórias.

Outro poema de Drummond "A casa do tempo perdido" associa a casa com o passado e a impossibilidade de sua recuperação:

> Bati no portão do tempo perdido, ninguém atendeu.
> Bati segunda vez e outra mais e mais outra
> Resposta nenhuma.
> A casa do tempo perdido está coberta de hera
> pela metade; a outra metade são cinzas.
> Casa onde não mora ninguém, e eu batendo e chamando
> pela dor de chamar e não ser escutado.
> Simplesmente bater. O eco devolve
> minha ânsia de entreabrir esses paços gelados.
> A noite e o dia se confundem no esperar
> no bater e bater.
> O tempo perdido certamente não existe.
> É o casarão vazio e condenado.
> (ANDRADE, 1996, p. 15)

Chevalier e Geerbrant (1969), ao analisar o simbolismo ligado a casa, destacam os diferentes sentidos que o termo tem, no imaginário de cada cultura. Nesse sentido, os aspectos arquitetônicos de casa são muitas vezes menos significativos do que os sentidos produzidos por alusões, fantasias que elaboram a imagem como um conjunto de significações possíveis. A significação de casa como símbolo não se prende especificamente a formas concretas, embora sirva à função de índice do real. A imagem rompe com a ilusão especular de casa. A imagem de casa que se liga a aconchego, a carinho, como "ninho que protege", tem para cada um de nós uma arquitetura particular. O símbolo está, por isso, ligado a estruturas mentais, a esquemas afetivos, a formações inconscientes que recuperam o objeto, não por aquilo que ele é, mas por aquilo que sugere, insinua. Por esse processo, casa pode ser vista como um lugar sagrado, como a morada dos deuses, como a possibilidade de recuperação da infância, mas também, como metonímia de cidade; é o centro do universo ou o espaço original da constituição do ser. Muitas vezes, na poesia, ainda que destruída pela descaracterização contínua do espaço urbano das grandes cidades, a casa é "reconstruída" como imagem até detalhada pela memória. É o que se pode notar no poema de Mário Quintana, significativamente denominado "A casa fantasma":

> A casa está morta?
> Não: a casa é um fantasma,
> um fantasma que sonha
> com a sua porta de pesada aldrava,
> com os seus intermináveis corredores
> que saíam a explorar no escuro os mistérios da noite
> e que luas, por vezes,
> enchiam de um lívido assombro...
> Sim!
> Agora
> a casa está sonhando
> com o seu pátio de meninos pássaros
> A casa escuta... Meu Deus! A casa está louca, ela não sabe
> que em seu lugar se ergue um monstro de cimento e aço:
> há sempre uma cidade dentro de outra
> e esse eterno desentendido entre o Espaço e o Tempo.
> Casa que teimas em existir
> - a coitadinha da velha casa!
> Eu também não consegui nunca afugentar meus pássaros...
> (QUINTANA, 1986, p. 15)

Para Gaston Bachelard (s/d), a casa é "o nosso primeiro universo", não importando os detalhes de riqueza ou de pobreza que contenha. Na percepção do filósofo, os cantos da casa, o sótão, o porão, as escadas que ligam os pavimentos simbolizam diferentes estados de alma. Por isso, segundo ele, a casa natal está fisicamente inscrita em nós e é a ela que retornamos quando sonhamos ou quando nos empenhamos em redefinir o nosso eixo interior. Recuperada imageticamente em sonhos e lembranças, é a casa que abriga os nossos devaneios, nossos sonhos e também os nossos medos. Todos esses sentimentos ajudam a reconstrução da casa da infância no poema de José Paulo Paes. Por meio da criação de imagens dos diferentes espaços da casa, todos eles ligados à ideia de passado já morto, o eu lírico, no entanto, preserva-se enquanto possibilidade de presentificação desses mesmos espaços.

> Vendam logo essa casa, ela está cheia de fantasmas.
> Na livraria, há um avô que faz cartões de boas-festas com corações de
> > purpurina.
>
> Na tipografia, um tio que imprime avisos fúnebres e programas de circo.
> Na sala de visitas, um pai que lê romances policiais até o fim dos tempos.
> No quarto, uma mãe que está sempre parindo a última filha.
> Na sala de jantar, uma tia que lustra cuidadosamente o seu próprio caixão.
> Na copa, uma prima que passa a ferro todas as mortalhas da família.
> Na cozinha, uma avó que conta noite e dia histórias do outro mundo.
> No quintal, um preto velho que morreu na guerra do Paraguai rachando lenha.
> E no telhado, um menino medroso que espia todos eles; só que está vivo: trouxe-o até ali o pássaro dos sonhos.
> Deixem o menino dormir, mas vendam a casa, vendam-na depressa.
> Antes que ele acorde e se descubra também morto.
> Prefiro ver, nessa referência final à morte, não um presságio, mas tão-só uma eventualidade em aberto. De qualquer modo, "Prosas" será, na pior das hipóteses, o meu penúltimo livro. O último há de ser póstumo. (PAES, 1998, p. 6)

O tom irônico da última estrofe, claramente metalinguística, além da leveza que atenua a constatação inevitável da morte, coloca o eu lírico em ponto de fuga.

Há também, do ponto de vista da Psicologia, uma relação simbólica entre casa e corpo.

O poeta João Cabral de Melo Neto elabora essa relação no poema "A mulher e a casa", através de deslocamentos de efeitos de sentido. Esse recurso poético fica bem evidente, por exemplo, quando se efetiva, na segunda estrofe do poema, o imbricamento entre casa e mulher, já sugerido no título e constantemente reconstruído ao longo do poema.

> Tua sedução é menos
> de mulher do que de casa:
> pois vem de como é por dentro
> ou por detrás da fachada.
>
> Mesmo quando ela possui
> tua plácida elegância,
> esse teu reboco claro,
> riso franco de varanda,
> (MELO NETO, 1994, p. 241)

Fica evidente que as expressões "plácida elegância", "reboco claro" e riso franco" transitam do signo mulher ao signo casa circularmente, não se fixando em nenhum dos polos da relação metafórica, mas oscilando entre uma palavra e outra. Casa e mulher fundem-se, no entanto, no poema, através de uma mesma imagem: a de aconchego e de intimidade.

Esse sentido que o poema de Cabral evidencia pode ser percebido no livro *Indez*, de Bartolomeu Campos de Queirós, no resgate dos cheiros e sabores que marcaram a infância do narrador, vivida no interior de Minas gerais. No romance, a casa é resgatada como uma casa-mundo, acolhedora, como um lugar regado de afetos, evocado, principalmente, por detalhes que sinalizam a presença cuidadosa de mãos femininas, fazedoras de doces e bordados:

> Nas mesas as toalhas, engomadas com polvilho e bordadas em ponto de cruz, ponto cheio ou bicos de crochê, avisavam que teriam convidados.
>
> (...)
>
> Na despensa, tantas bandejas cobertas de cajuzinhos, amor-em-pedaços, casadinhos, canudinhos e doce de leite. Estes eram coloridos com vários tons de anilina e cortados em quadrados, retângulos, losangos. Doces com raiz de mamoeiro

lembravam cocadas. As fruteiras estavam cheias de balas enroladas em papel de seda, repicado e anelado nas pontas, pelo corte da tesoura sobre a perna. (QUEIRÓS, 1995a, p. 19)

Em outro livro do mesmo autor, *Por parte de pai* (1995b), uma outra casa é relembrada com suas paredes bordadas pela mão do avô com uma escrita "cheia de dois efes, dois emes, dois pês" (p. 10). As paredes da casa iam-se transformando em páginas de um livro que ia sendo escrito sem pressa com as notícias chegadas da rua. Nesse livro, a revivência dos doces mistérios da vida distancia-se do regaço da casa materna e reforça-se na evocação dessa casa-livro, em que se dá uma aproximação entre escrita e ordem e lei, universo que suplementa um outro mais significado, pelas cores, cheiros e gostos de um mundo que se exprimia pela oralidade.

Privilegiando também uma descrição de casa pelas sensações despertadas, Adélia Prado, no poema "Impressionista", recupera a imagem de casa, insistindo na cor, tomando-a como elemento básico do processo de criação. É pertinente relembrar que o título do poema já sugere ao leitor a técnica de apropriação do "real" pela ênfase em aspectos cromáticos:

> Uma ocasião,
> meu pai pintou a casa toda
> de alaranjado brilhante.
> Por muito tempo moramos numa casa
> como ele mesmo dizia:
> constantemente amanhecendo.
> (PRADO, 1976, p. 44)

Por outro lado, Yeda Pratis Bernis, no poema "Pinceladas", apreende detalhes de casa para com eles tecer um quadro de lembranças do passado que se esfumaçam no presente.

> A varanda
> o tempo
> cobalto
> nos beirais.

> O verde,
> paisagem
> lenta
>
> A sombra.
> neblina
> da memória.
>
> A infância,
> nódoa
> na rede.
>
> Fantasmas.
> (BERNIS, 1986, p. 59)

Com pinceladas mais tristes, Lenilde Lima de Freitas recupera a casa inscrita na memória através de traços fragmentados, de um referente necessariamente incompleto:

> A CASA
>
> Da porta principal à derradeira
> um corredor. Só o piso de madeira.
>
> As portas laterais, trancadas.
> Todas elas.
>
> Pelas janelas,
> fogem os fantasmas gerados na cumeeira
>
> Que mais?
> Que mais?
>
> Ah, sim: uma goteira, sangrando...sangrando...
> sujando a casa inteira.
> (FREITAS, 1987, p. 55)

Também o poeta Marcos Dias, em *Estudos sobre a cidade (& exercícios de sobrevivência)*, lança mão desse recurso poético para "pintar" a casa, não se utilizando de traços bem estruturados, mas recorrendo a sugestões, e recuperando sons que indiciam os diferentes modos de vivência do dia a dia doméstico:

> Uma casa é toda feita
> de ruídos: vozes antigas
> que se prolongam nos OH(!)
> e AH(!) nossos de cada dia

> (:Forra que se aguarda
> Sonho que se adia Dores
> que se afagam Êxitos
> que são compartilhados)
>
> Dos que já se foram
> aos que não vieram, uma casa
> é toda feita de ruídos
>
> : alardestardalh-aço
> e (in)confidências
> de sobrevivência e afeto.
> (DIAS, 1997, p. 11 )

Deve-se destacar o sentido da segunda estrofe, na qual a utilização do recurso gráfico dos parênteses propicia a explicitação de anseios que na primeira estrofe aparecem condensados nas interjeições OH(!) e AH(!).

É interessante anotar a insistência da imagem de fantasmas nos diversos poemas analisados, realçando sua relação com o inconsciente, já observada por Bachelard em seus estudos da simbologia da casa.

Na música popular brasileira, imagens de casa com seus diferentes significados expressam a visão dos compositores. Orestes Barbosa criou a famosa "Chão de estrelas", em que a vida difícil dos morros cariocas e a pobreza do "barracão de zinco, sem telhado e sem pintura" são poetizadas por imagens de grande efeito plástico:

> A porta do barraco
> era sem trinco
> e a lua furando
> o nosso zinco
> salpicava de estrelas
> o nosso chão.
> Tu pisavas nos astros
> distraída,
> sem saber
> que a ventura
> dessa vida
> é a cabrocha, o luar
> e o violão.

A poesia que emana dos versos da canção contrasta com a dureza da vida das camadas menos privilegiadas, figurada em versos de uma outra canção que também celebra o cenário das favelas, mas agora com uma intenção de denúncia:

> Ai, barracão,
> pendurado no morro
> e pedindo socorro
> à cidade a seus pés.

O mesmo lirismo de aparência ingênua, mas eivado de uma visão humanitária mais transparente, perpassa os versos da bela canção "Gente humilde", com que o compositor e cantor Chico Buarque de Holanda homenageia o povo simples dos subúrbios cariocas, fazendo referência ao estilo de suas casas e a costumes que vão sendo empurrados pelo progresso:

> São casas simples
> com cadeiras na calçada
> e na sacada escrito em cima
> que é um lar.
> Pelas varandas, flores tristes e baldias
> como a tristeza que não tem
> onde morar.

A imagem de casas simples como símbolo da felicidade almejada é recorrente na música popular brasileira e podemos apreendê-la, por exemplo, tanto na famosa, "Casinha pequenina"

> Tu não te lembras
> da casinha pequenina
> onde o nosso amor nasceu
> 
> Tinha um coqueiro do lado
> Que, coitado, de saudade
> Já morreu...

como na "Casinha lá da Marambaia", compondo o quadro de felicidade e de simplicidade tão presentes no ideário romântico, que se eterniza nessas canções. Filia-se também ao mesmo tema a bela canção "Casa no campo", de Zé Rodrix, que apresenta a casa como espaço de encontro e de criação:

> Eu quero uma casa no campo
> onde eu possa fazer
> muitos rocks rurais

Ainda na música popular, lembrem-se os conhecidos versos de "Saudosa maloca", de Adoniran Barbosa, que aliam à saudade da casa destruída a resistência que denuncia a violência do progresso e o conformismo ("Deus dá o frio conforme o cobertor, os "home tá" com a razão, a gente arruma outro lugar").

Também a literatura infantil é pródiga em exemplos de produções que tomam a casa como tema. Os versos de Vinícius de Moraes, musicados por Toquinho, já se tornaram emblemáticos pela presença de aspectos lúdicos na descrição de uma casa que é engraçada, paradoxalmente, pelo fato de não ter nada:

> A CASA
>
> Era uma casa
> Muito engraçada
> Não tinha teto
> Não tinha nada
> Ninguém podia
> Entrar nela não
> Porque na casa
> Não tinha chão
> Ninguém podia
> Dormir na rede
> Porque na casa
> Não tinha parede
> Ninguém podia
> Fazer pipi
> Porque penico
> Não tinha ali
> Mas era feita
> Com muito esmero
> Na Rua dos Bobos
> Número Zero.
> (MORAES, 1980, p. 74)

A reiteração de coisas que a casa não tem confere à letra um clima de não senso, comum ao pensamento infantil. O poeta Vinícius de Moraes, ao recuperar esse aspecto, valoriza a ausência de pragmatismo da criança em sua relação com a arte.

O livro *A casa sonolenta*, de Audrey Wood (1995), num processo de lenga-lenga, descreve uma casa e seus moradores, transferindo para ela as características deles.

> Em cima desse gato
> Tinha um rato,
> Um rato dormitando,
> Em cima de um gato ressonando,
> Em cima de um cachorro cochilando,
> Em cima de um menino sonhando,
> Em cima de uma avó roncando,
> Numa cama aconchegante,
> Numa casa sonolenta,
> Onde todos viviam dormindo.
> (WOOD, 1995)

O jogo de repetições acentua o caráter lúdico da narrativa, que se vale de uma brincadeira infantil, também em sua ausência de sentido utilitário. Observe-se ainda a propriedade das

Uma casa em dois tempos.

ilustrações que promovem uma outra leitura: do clima chuvoso que favorece o sono passa-se para a iluminação da cor amarela e o consequente arco-íris, símbolo do movimento de acordar tanto literal como metaforicamente. Isto é, a picada da pulga, que faz todos acordarem, simboliza o acordar para o mundo.

A propaganda igualmente se aproveita da imagem tão marcante da casa, inúmeras vezes associando-a a conforto, proteção, amor. Essas imagens estão claramente construídas na propaganda de biscoitos Parmalat, por exemplo. As indicações do número e tipo de biscoitos necessários à construção da casa indicam metalinguisticamente para o leitor o processo de feitura do anúncio. Completado pela frase — Biscoitos Parmalat. Comer e inventar é só começar. — que se apropria do conhecido provérbio (Comer e coçar é só começar), alterando-o. O anúncio desloca a imagem do biscoito de mero alimento para uma motivação lúdica. Associam-se ainda as imagens do brinquedo (Lego, Playmobil) e da história infantil de João e Maria e a casa construída de doces.

Uma delícia de casa!

Como se pôde ver, o signo casa se revestiu de várias significações em diferentes linguagens, traindo os investimentos presentes no imaginário social da cultura ocidental. Em outra cultura, como por exemplo, a indígena no Brasil, pode-se observar outros tipos de investimentos. O desenho de uma índia yanomami, que aproxima a casa/aldeia, o útero de uma mulher e duas panelas de barro, realça a interação entre os diversos espaços, pois " os Yanomamis acreditam que o corpo humano, como tudo no mundo — animal, vegetal ou mineral — é apenas uma casca, mas com a força vital, a energia que faz a água ferver, o vento soprar, a chuva cair. Tudo é vida". (CCPY)

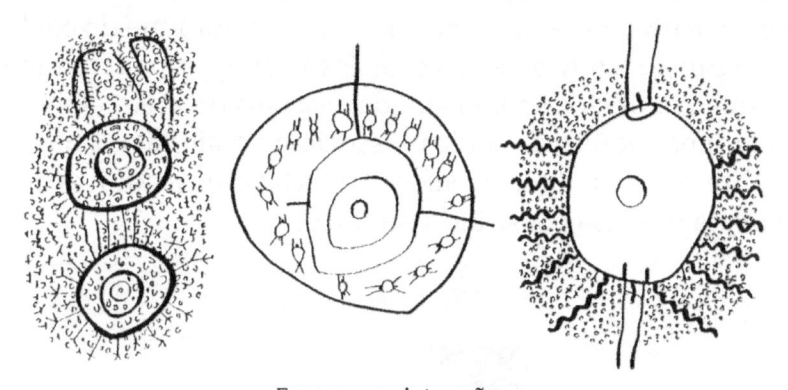

Espaços em interação.

Ao se pedir uma índia suruí o desenho de uma casa, ela desenhou o sinal que seu povo carrega em torno da boca, demonstrando que para ela a casa é o seu povo, não interessa onde esteja.

As imagens, pode-se concluir, carregam uma significação cultural, com marcas geográficas, afetivas, religiosas, etc., o que permite ao leitor leituras também múltiplas e relacionamentos intertextuais infinitos. Trata-se, pois, de um hipertexto.

# Conclusão inconclusa

A palavra hipertexto circula entre nós a partir do advento da informática e sua força de comunicação, via Internet, para designar um tipo de texto que se constitui como

> um conjunto de nós ligados por conexões. Os nós podem ser palavras, páginas, imagens, gráficos ou partes de gráficos, seqüências sonoras, documentos complexos que podem ser eles mesmos hipertextos. (...) cada nó pode conter uma rede inteira. (LÉVY, 1993)

Esse tipo de texto permite ao leitor pular de um nó para outro, sem respeitar hierarquias de divisões como parágrafos, capítulos ou outras divisões convencionais do texto. O que se apresenta, na verdade, são janelas que se abrem uma sobre as outras.

Essa descrição pode parecer nova para muitos leitores, sobretudo para aqueles que ainda não têm contato com o computador e seus recursos. Mas, se prestarmos atenção ao processo de leitura, principalmente a literária, a palavra hipertexto se tornará mais familiar, já que através dela concretiza-se o próprio ato de ler. É que a leitura permite ao leitor abrir janelas e mais janelas no texto, promovendo um encadeamento com outros textos e contextos, sem seguir necessariamente as trilhas já traçadas.

A leitura é sempre parte de uma rede de textos e de sentidos construídos no jogo entre produção e recepção, nesse ininterrupto processo intertextual. Dessa forma, a própria cultura, rede simbólica, poderia ser designada como hipertexto porque as possibilidades de leitura que oferece são infinitas.

> Se as produções humanas constituem uma infindável rede, cada um vai tecendo seu pedaço, com pontos delicados ou nós de escoteiro. O que importa é que não se corte o fio, pois, leitura é, antes de tudo, interação, um movimento conjunto. (PAULINO *et al*, 1995, p. 64)

Assim leitura, seja imagem, seja escrita, é intertextualidade, é hipertextualidade. Cabe ao leitor puxar os fios, destecer nós, ao mesmo tempo em que amarra outros fios, tece outros nós.

# — Referências —

ALFONSO X, el sabio. *Cantigas de Santa María*. Edição fac-similar do códice D. I.. L. da Biblioteca de São Lourenço de Escorial. Madrid: Edilán, 1979.

AMADO, Jorge. *O capeta Carybé*. São Paulo, Berlendis & Vertecchia editores, 1996.

ANDRADE, Carlos Drummond de. *As impurezas do branco*. 4. ed. Rio de Janeiro: José Olympio, 1978.

ANDRADE, Carlos Drummond de. *Reunião: 10 livros de poesia*. 9. ed. Rio de Janeiro: José Olympio, 1978.

ANDRADE, Carlos Drummond de. *Poesia e Prosa*. Rio de Janeiro: Nova Aguilar, 1979.

ANDRADE, Carlos Drummond de. *Farewell*. Rio de Janeiro: Record, 1996.

ANDRADE, Mario de. A Raimundo Moraes. *Diário Nacional*. São Paulo, 20/09/1931.

ANDRADE, Mario Pinto de (Org.). *Antologia Temática de Poesia Africana I*; Na noite grávida de punhais. Lisboa: Sá da Costa, 1975.

ANDRADE, Oswald. *Poemas menores*. Obras Completas-7. Rio de Janeiro: Civilização Brasileira, 1971.

AZEVEDO, Aluísio. *O mulato*. São Paulo: Martins Fontes, 1964.

AZEVEDO, Aluísio. *O cortiço*. São Paulo: Martins, 1972.

AZEVEDO, Ricardo. *Aquilo*. São Paulo: Melhoramentos, 1985.

BABO, Maria Augusta. *A escrita do livro*. Lisboa: Veja/Passagens, 1993.

BACHELARD, Gaston. *A poética do espaço*. Trad. Antônio da Costa Leal e Lídia do Valle Santos Leal. Rio de Janeiro: Eldorado. (s.d.).

BAKHTIN, Mikhail. *Problemas da poética de Dostoiévski*. Trad. Paulo Bezerra. Rio de Janeiro: Forense Universitária, 1981.

BANDEIRA, Manuel. *Estrela de uma vida inteira*. Rio de Janeiro: José Olympio, 1974.

BANDEIRA, Manuel. *Poesia completa e prosa*. Rio de Janeiro: Nova Aguilar, 1990.

BARTHES, Roland. *O rumor da língua*. Trad. Mario Laranjeira. São Paulo: Brasiliense, 1988.

BAUDELAIRE, Charles. *As flores do mal*. Trad. Ivan Junqueira. Rio de Janeiro: Nova Fronteira, 1985.

BERNIS, Yeda Prates, *Pêndula*. 2a. ed. Belo Horizonte: Editora Itatiaia, 1986.

BORGES, J. L. Otras inquisiciones. *Obras completas*. Buenos Aires: EMECE, 1974.

BORGES, J. L. A biblioteca de Babel. *Ficções*. Trad. Carlos Nejar. São Paulo: Globo, 1995.

CALVINO, Italo. *As cidades invisíveis*. Trad. Diogo Mainardi. São Paulo : Companhia das Letras, 1990.

CALVINO, Italo. *Por que ler os clássicos*. Trad. Nilson Moulin. São Paulo: Companhia das Letras, 1993.

CALVINO, Italo. *Se um viajante numa noite de inverno*. Trad. Margarida Salomão. São Paulo : Círculo do Livro, 1979.

CAMPOS, Haroldo de. O anjo esquerdo da história. *Crisantempo*. São Paulo: Perspectiva, 1998, p. 67-72.

CANETTI, Elias. *A língua absolvida*: história de uma juventude. Trad. Kurt Jahn. São Paulo: Companhia das Letras, 1987.

CARYBÉ et BENTO, Antonio. *Macunaíma*: ilustrações do mundo do herói sem nenhum caráter. Edição comemorativa do Cinquentenário da publicação. Rio de Janeiro: Livros Técnicos e Científicos, 1979.

CARPENTIER, Alejo. *O reino deste mundo*. trad. João Olavo Saldanha. Rio de Janeiro: Civilização Brasileira, 1966.

CARVALHO, José Cândido de. *O coronel e o lobisomem*. 11. ed. Rio de Janeiro: José Olympio, 1973.

CASTRO ALVES. *Poesia romântica brasileira*. V.1. São Paulo: Edigraf, 1965.

CHARTIER, Roger. *A ordem dos livros*: leitores, autores e bibliotecas na Europa entre os séculos XVI e XVIII. Trad. Mary del Priore. Brasília: UNB, 1994.

CHARTIER, Roger. As práticas da escrita. CHARTIER, Roger (org). *A história da vida privada 3* : da Renascença ao século das luzes. Trad. Hildegarde Feist. São Paulo : Companhia das Letras, 1991.

CHARTIER, Roger. Do códice ao monitor: a trajetória do escrito. *Estudos Avançados*. São Paulo: USP, n.21, vol. 8, maio/agosto de 1994, p. 185-200.

CHEVALIER, J. et GEERBRANT, A. *Dictionnaire des symboles; mythes, rêves, coutumes, gestes, formes, figures, couleurs, nombres*. Paris: Robert Laffont. 1969.

CURY, Maria Zilda Ferreira. Escrever e ler: faces da mesma moeda. *Vertentes:* revista da Fundação de Ensino Superior de São João Del-Rei. n. 9. São João Del-Rei: FUNREI, jan./jun. de 1997.

CURY, Maria Zilda Ferreira e WALTY, Ivete. Livro: objeto de desejo. *Presença Pedagógica*. n. 12. Belo Horizonte, nov./dez. 1996.

CURY, Maria Zilda Ferreira e WALTY, Ivete. Imagens na Educação. *Presença Pedagógica*. n.19, jan/fev.1998.

CURY, Maria Zilda Ferreira e WALTY, Ivete. *Textos sobre textos: um estudo da metalinguagem*. Belo Horizonte: Dimensão, 1998.

DAIBERT, Arlindo. *Imagens do Grande Sertão*. Belo Horizonte: Ed. UFMG; Juiz de Fora: Ed. UFJF, 1998.

DARNTON, Robert. *O Grande Massacre de Gatos e outros episódios da história cultural francesa*. Rio de Janeiro: Graal, 1989.

DE CERTEAU, Michel. Apud. CHARTIER, Roger. *A ordem dos livros. Leitores, autores e bibliotecas na Europa entre os séculos XIV e XVII*. Trad. Mary del Priori. Brasília: Editora da UNB, 1984.

DIAS, Iêda. *Canção da menina descalça*. 7. ed. Belo Horizonte: RHJ, 1993.

DIAS, Marcos. *Estudos sobre a cidade* (& exercícios de sobrevivência). Belo Horizonte: Mazza, 1997.

DINIZ, Tânia. *Rituais*. Belo Horizonte: Ed. Mulheres emergentes, Ed. Alternativa, 1997.

ECO, Umberto. *Seis passeios nos bosques da ficção*. Trad. Hildegard Feist. São Paulo: Companhia das Letras, 1994.

FERREIRA, Aurélio Buarque de Holanda. *Novo Dicionário da Língua Portuguesa*. Rio de Janeiro: Nova Fronteira, 1975.

FLAUBERT, Gustave. *Madame Bovary*. Trad. Araújo Nabuco. São Paulo: Abril Cultural, 1979.

FOLHA DE S. PAULO, 18/10/94, p. 33.

FONSECA, Rubem. *Romance negro e outras histórias*. São Paulo: Companhia das Letras, 1992.

FOUCAULT, Michel. As Meninas. In: FOUCAULT, Michel. *As palavras e as coisas*. Trad. António Ramos Rosa, Lisboa: Portugália Editora, (s.d.).

FREITAS, Lenilde Lima de. *Desvios*. São Paulo: João Scortecci Editor, 1987.

GARCIA, Celina Fontenele. *A escrita Frankenstein de Pedro Nava*. Fortaleza: EUFC, 1997.

GUATTARI, Felix. *Caosmose: um novo paradigma estético*. Rio de Janeiro: Nova Fronteira, 1993.

GUIMARÃES, Júlio Castañon. Alguns trajetos: texto e imagem em Arlindo Daibert.

HERKENHOFF, Paulo. *Biblioteca Nacional*. A história de uma coleção. Rio de Janeiro: Salamandra, 1996.

HOJE EM DIA. 5ª feira, p. 3. Belo Horizonte: PUC-Comunicação.

KRISTEVA, Julia. *Introdução à semanálise*. Trad. Lúcia Helena F. Ferraz. São Paulo: Perspectiva, 1974.

LADEIRA, Julieta Godoy (org.) *Lições de casa*: exercícios de imaginação. São Paulo: HRM Editores Associados Ltda., s/d.

LAGO, Ângela. *Cena de rua*. Belo Horizonte: RHJ, 1994.

*LE COURRIER DE L'UNESCO*. Aux sources de l'écriture. Avril 1995.

LEMINSKI, Paulo. *Caprichos & Relaxos*. 3. ed. São Paulo: Brasiliense,1985.

LEMINSKI, Paulo. *Distraídos Venceremos*. São Paulo: Brasiliense, 1987.

LEMINSKI, Paulo. Paulo. *La vie en close*. São Paulo: Brasiliense, 1991.

LÉVY, Pierre. *As tecnologias da inteligência:* o futuro do pensamento na era da informática. Trad. Carlos Irineu da Costa. Rio de Janeiro: Editora 34, 1993.

MACHADO, Ana Maria. *Era uma vez, três...* São Paulo: Berlendis & Vertecchia editores, 1995.

MACHADO, Arlindo. Fim do livro? *Estudos Avançados*. São Paulo: USP, n.21, vol. 8, maio/agosto de 1994, p. 201-214.

MACHADO DE ASSIS, J. M. *Memórias Póstumas de Brás Cubas*. Rio de Janeiro: Nova Aguilar, 1959.

MANGUEL, Alberto. *Uma história da leitura*. Trad. Pedro Maria Soares. São Paulo: Companhia das Letras, 1997.

MARTIN, Henry-Jean & FEBVRE, Lucien. *O aparecimento do livro*. Trad. Fúlvia Moretto e Guacira Machado. São Paulo : Hucitec, 1992.

MARTINS, Wilson. *A palavra escrita: história do livro, da imprensa e da biblioteca*. São Paulo: Ática, 1996.

MEIRELES, Cecília. *Romanceiro da Inconfidência*. Rio de Janeiro: Civilização Brasileira, 1972.

MEIRELES, Cecília. *Obra Poética*. Rio de Janeiro: Nova Fronteira, 1983.

MELO NETO, João Cabral de. *Obra completa*. Rio de Janeiro: Nova Aguilar, 1994.

MINDLIN, José. *Uma vida entre livros*. Reencontros com o tempo. São Paulo: EDUSP/Companhia das Letras, 1997.

MORAES, Vinicius de. *A arca de Noé*. 6. ed. Rio de Janeiro: José Olympio, 1980.

NOLL, João Gilberto. *O quieto animal da esquina*. Rio de Janeiro: Rocco, 1991.

NUNES, Lygia Bojunga. *Livro*: um encontro com Lygia Bojunga Nunes. Rio de Janeiro: Agir, 1988.

OLIVEIRA, Rui de. A arte de contar histórias por imagens. *Presença pedagógica* v.4, n.19, jan.fev.98, p. 63-74.

PAULINO, Graça. *Da cozinha à mesa posta*. Rio de Janeiro: Proler, 1995.

PAULINO, Graça, WALTY, Ivete e CURY, Maria Zilda Ferreira. *Intertextualidades: teoria e prática*. Belo Horizonte: Lê, 1995.

PRADO, Adélia. *Bagagem,* 3a. ed. Rio de Janeiro: Nova Fronteira, 1976.

QUEIRÓS, Bartolomeu Campos Queirós. *Indez*, Belo Horizonte: Editora Miguilim, 1995a.

QUEIRÓS, Bartolomeu Campos Queirós. *Ler, escrever e fazer conta de cabeça*. Belo Horizonte: Miguilim, 1996.

QUEIRÓS, Bartolomeu Campos Queirós. *Por parte do pai*. Belo Horizonte: RHJ, 1995.

QUEIROZ, Sônia. A palavra e a coisa. In: CARVALHO, Roberto Barros de. (Org.) *Taquicardias*. Belo Horizonte: Edições do Bolso, 1985.

QUINTANA, Mario. *Baú de espantos*. 2 ed. Porto Alegre: Globo, 1986.

RAMOS, Graciliano. *Memórias do Cárcere*. 23ª ed. São Paulo: Record, 1987.

RAMOS, Maria Luíza. A linguagem figurada. In: PAULINO, Graça e WALTY, Ivete. (Org.) *Teoria da Literatura na escola*. Belo Horizonte: Lê, 1992.

RIBEIRO, João Ubaldo. *Memória de livros. Um brasileiro em Berlim*. 2 ed. Rio de Janeiro: Nova Fronteira, 1995, p.139-153.

RIBEIRO, Eid. Perfumando o Arrudas. *O tempo*, 07.05.97, p.12 (Magazine)

RICARDO, Cassiano. *Jeremias sem-chorar*. Rio de Janeiro: José Olympio, 1973.

ROSA, João Guimarães. *Grande sertão: veredas*. 10. ed. Rio de Janeiro: José Olympio, 1976.

SALGADO, Sebastião. *Terra*. São Paulo: Companhia das Letras, 1997, p. 76.

SANTIAGO, Silviano. *Em Liberdade:* uma ficção de Silviano Santiago. Rio de Janeiro: Paz e Terra, 1981.

SARLO, Beatriz. *Cenas da vida pós-moderna:* intelectuais, arte e vídeo-cultura na Argentina. Trad. Sérgio Alcides. Rio de Janeiro: Ed. UFRJ, 1997.

SARTRE, J. P. *As palavras.* Trad. J. Guinsburg. 5 ed. Rio de Janeiro: DIFEL, 1978.

SOUZA, Solange Jobim e NETO, Miguel Farah. A tirania da imagem na educação. *Presença Pèdagógica,* v.4, n.22, jul/agost. 1998.

VARGAS, Demóstenes. *Tuiã.* Belo Horizonte: Mazza, 1988.

VELOSO, Caetano. *Livro.* Rio de Janeiro: Poligram, 1997.

WOOD, Audrey. *A casa sonolenta.* Trad. Gisela Maria Padovan. São Paulo: Ática, 1995.

ZILBERMAN, Regina (org.). *Leitura: perspectivas interdisciplinares.* São Paulo: Ática, 1988.

ZIRALDO e ZÉLIO. *A bela borboleta.* São Paulo: Melhoramentos, 1980

# — Créditos das imagens —

### Livro: palavra e imagem

- p. 15 - La "scène du puits"- de la grotte de Lascaux (A cena do poço – da Gruta de Lascaux) Éditions Semitour Périgord, s/d)
- p. 17 - Le Courrier de L'UNESCO, Aux sources de l'écriture, avril 1995, p. 8 (O correio da UNESCO. Fontes da escrita)
- p. 20 - HERKENHOFF, Paulo. *Biblioteca nacional — A história de uma coleção*. Rio de Janeiro: Salamandra, 1996, p. 22.
- p. 30 - O livro de todos os livros. *IstoÉ*, 05.08.98, p. 1505.

### Imagens da leitura

- p. 40 - Jan Vermeer Van Delft – *Moça lendo*. Mundo dos Museus – Galeria de Pintura de Dresse. Buenos Aires/Madri/México: Editorial Codex., 1966, p. 80.
- p. 41 - "Colette". In: MANGUEL, Alberto. *Uma história da leitura*. São Paulo: Companhia das Letras, 1997, p. 174.
- p. 42 - Jorge Amado na mesa de jantar de sua casa, em Salvador que ele utiliza para escrever. Folha de São Paulo, Caderno Mais!, 21/dez/97, p. 5.
- p. 44 - Che Guevara – Propaganda da Bom Bril – Contracapa da Revista *IstoÉ*.

### Imagens na leitura

- p. 55 - RICARDO, Cassiano. *Jeremias sem chorar*. Rio de Janeiro: José Olympio, 1973, p. 117.
- p. 56 - ANDRADE, Carlos Drummond de. As *impurezas do branco*. 4. ed. Rio de janeiro: Livraria José Olympio Ltda, 1978, p. 54.
- p. 59 - DIAS, Iêda. *Canção da menina descalça*. 7. ed. Belo Horizonte: RHJ, 1993.
- p. 61 - MANET. *Almoço na relva*. Tecnicas de los grandes pintores, 1981, p. 99.
- p. 62 - DAIBERT, Arlindo. Imagens do Grande Sertão Veredas. Belo Horizonte: EditoraUFMG; Juiz de Fora: Editora UFJF, 1998, p. 52.

p. 64 - Cantigas de Santa Maria, Alfonso X. Edição fac-similar do códice D.I. L. da Biblioteca de São Lourenço de Escorial. Madrid: Edilán, 1979.

p. 66 - Ilustração de Fernando Fiúza feita a partir da "Aula de anatomia de Rembrandt, Jornal *O tempo*, cardeno Magazine/ Crônica, 07/05/1997, p. 12.

p. 67 - CARVALHO, José Cândido de. *O coronel e o lobisomen*. Rio de Janeiro: Livraria José Olympio Editora, 11. ed., v. 82, 1973.

## Uma rede de leituras

p. 81 - VELÁZQUEZ. *As meninas* ou *A família de Filipe IV*. Museu do Prado, Madrid.

p. 82 - PICASSO. *Las meninas*, n 30, Cannes, 27/09/1957, Museu Picasso, Barcelona.

p. 82 - PICASSO. *Las meninas* (Maria Austina Sarmiento e infanta Margarita Maria) n. 37, Cannes, 10/10/57, Museo Picasso, Barcelona.

p. 83 - PICASSO. Las meninas (Conjunto n. 33, Cannes, 2/10/1957., Museo Picasso, Barcelona.

p. 84 - *As meninas na Disney.* Neo ICONOGRAPHY of Dr. T.F. Chen. New World Art Center – Soho – New York, 1987.

p. 85 - *O quarto de VAN Gogh.* Neo ICONOGRAPHY of Dr. T.F. Chen. New World Art Center – Soho – New York, 1987.

## Lendo imagens

p. 93 - SALGADO, Sebastião. *Terra*. São Paulo: Companhia das Letras, 1997, p. 76-77.

p. 94 - Alunos do Curso de Jornalismo da PUC Minas. *Hoje em dia*, Belo Horizonte, 07/nov/96, p. 3.

p. 97 - Publicidade da LBV - Revista *Veja*.

p. 112 - Wood, Audrey. *A casa sonolenta*. São Paulo: Editora Ática, 10. ed., 1989.

p. 113 - Casinha de biscoito PARMALAT – Contracapa da Revista *IstoÉ*.

p. 114 - Estes três desenhos de uma índia Yanomami representam uma mulher, a aldeia e duas panelas de barro. O padrão de pequenos traços ou sinais simboliza a "força vital", a "energia da vida que sai do homem", Os Yanomami acreditam que o corpo humano, como tudo no mundo — animal, vegetal ou mineral — é apenas uma casca, mas com a força vital, a energia que faz a água ferver, o vento soprar, a chuva cair. Tudo é vida. Comissão pela criação do Parque Yanomami - CCPY

Este livro foi composto com tipografia Novarese e impresso
em papel Off Set 75 g/m² na Gráfica Paulinelli.